인공지능
데이터셋 활용집

한국교육학술정보원

데이터 선정

학생들이 데이터 분석을 배우는 과정에서 쉽고 편리하게 데이터셋을 활용할 수 있도록 지원하는 것을 목적으로 함

1. 집필진 데이터 선정 기준

데이터 선정은 난이도, 다양성, 흥미도 세 가지 요소를 바탕으로 하여 이루어짐

난이도

난이도는 인공지능 알고리즘을 활용하여 데이터를 다루는데 쉽고 어려운 정도를 의미함. 본 자료에서는 난이도가 낮은 데이터셋부터 심화 수준의 데이터셋이 골고루 포함될 수 있도록 데이터를 선정하였음

다양성

다양성은 다양한 형태의 데이터셋 속성을 의미함. 본 자료에서는 수치, 문자, 이미지, 음성 등 다양한 형태의 데이터를 선정함으로써, 인공지능 활용 범위 및 다양한 활용 가능성에 대한 이해를 넓히는 것을 목적으로 선정 기준을 마련함

흥미도

흥미도는 학생이 데이터셋에 대해 직관적으로 흥미를 유발할 수 있는가를 의미함. 본 자료에서는 기존에 많이 활용되는 데이터셋이 영어로 제작되어 학생들의 접근성을 낮추고 흥미를 떨어뜨린다고 판단하여, 영어로 만들어진 데이터셋을 한글로 번역할 뿐만 아니라 국내에서 제작된 다양한 데이터셋을 신규로 발굴하고자 하였음

2. 데이터 선정 및 설명

앞서 기술한 난이도, 다양성, 흥미도를 바탕으로 총 30개의 데이터셋을 선정하고, 각 데이터셋의 특성 및 활용을 위한 설명을 서술함. 데이터셋은 크게 수치/텍스트, 이미지, 음성 세 가지 카테고리로 분류되며, 카테고리별로 10종의 데이터셋을 선정하고, 해당 데이터셋에 대한 활용을 위한 전처리 및 설명을 통해 교육과정에서 더욱 손쉽게 데이터 활용이 가능하게 하는 것을 목적으로 함

I. 수치/텍스트 데이터셋

1) 보험료 예측 데이터셋 _ 008
2) 학생 수학 성적 예측 데이터셋 _ 015
3) 포도주 품질 예측 데이터셋 _ 022
4) 자전거 대여량 예측 데이터셋 _ 029
5) 타이타닉 생존자 예측 데이터셋 _ 036
6) 스팸 SMS 분류 데이터셋 _ 043
7) 한국어 혐오 분류 데이터셋 _ 049
8) 네이버 영화리뷰 데이터셋 _ 055
9) 한국어 의도 분류 데이터셋 _ 061
10) 한국어 챗봇 데이터셋 _ 067

II. 이미지 데이터셋

1) MNIST _ 076
2) CIFAR10 _ 081
3) Fashion MNIST _ 087
4) Dogs & Cats _ 092
5) SVHN _ 099
6) STL-10 _ 106
7) PASCAL VOC _ 113
8) Zebra2Horse 데이터셋 _ 121
9) 한국 음식 이미지 데이터셋 _ 126
10) 한국어 글자체 이미지 데이터셋 _ 133

III. 음성 데이터셋

1) ESC-10 데이터셋 _ 142
2) Yes/No 데이터셋 _ 149
3) FSD(Free Spoken Digit) 데이터셋 _ 155
4) Urbansound 데이터셋 _ 161
5) Speech Command 데이터셋 _ 168
6) GTZan 데이터셋 _ 174
7) LJSpeech 데이터셋 _ 179
8) Librispeech 데이터셋 _ 184
9) Bird _ 190
10) TIMIT _ 196

AI 교육을 위한
데이터셋 활용 방안 및 분석 자료집

Figure/Text
Datasets

I. 수치/텍스트 데이터셋

1) 보험료 예측 데이터셋
2) 학생 수학 성적 예측 데이터셋
3) 포도주 품질 예측 데이터셋
4) 자전거 대여량 예측 데이터셋
5) 타이타닉 생존자 예측 데이터셋
6) 스팸 SMS 분류 데이터셋
7) 한국어 혐오 분류 데이터셋
8) 네이버 영화리뷰 데이터셋
9) 한국어 의도 분류 데이터셋
10) 한국어 챗봇 데이터셋

데이터셋 | 수치 · 텍스트 데이터셋

01 보험료 예측 데이터셋

난이도 ★
흥미도 ★★
형 태 CSV파일

보험료 예측 데이터셋은 대상자의 보험료 예측에 대한 데이터로, 총 5가지의 요소 간의 상관관계 및 각 요소와 보험료 간의 상관관계를 유추해 볼 수 있습니다. 해당 데이터는 상대적으로 적은 요소의 개수와 데이터 포인트를 가지고 있으므로 회귀분석 입문 과정에서 많이 활용되는 데이터셋 중 하나입니다.

데이터셋 명

- 보험료 예측 데이터셋 (Medical Cost Personal Datasets)

※ 보험?
보험은 살면서 맞닥뜨릴 수 있는 다양한 위험 상황(사고, 상해, 질병, 사망, 노후생활 등)에 대비하여 일정 금액(보험료)을 제삼자(보험회사 등)에 납부하고, 가입자가 위험을 당하였을 때 제삼자에게 보험금을 받는 제도입니다. 일반적으로 보험료는 보험 대상자의 사고 발생 확률에 기반하여 책정됩니다. 예를 들면, 비흡연자보다 흡연자가 폐 질환을 겪을 위험이 크기 때문에 흡연자는 건강 관련 보험료는 높게 책정될 확률이 높습니다.

데이터 카테고리

- 수치/텍스트

데이터셋 목적

- 회귀분석(Regression)

※ 회귀분석이란?
어떤 변수와 하나 또는 그 이상의 다른 변수와의 의존관계, 변수 사이의 인과관계를 분석하는 통계기법 중의 하나입니다.
회귀분석을 통해 특정 변숫값의 변화와 다른 변숫값의 변화가 가지는 수학적 함수식을 파악함으로써 상호관계를 추론할 수 있습니다. 즉, 특정 변수(독립변수)의 변화가 다른 변수(종속변수)의 변화와 어떤 관련성이 있는지 관련이 있다면 어느 변수의 변화가 원인이 되고 어느 변수가 그에 따른 결과로 나타난 것인지와 같은 사항을 분석할 수 있습니다.

데이터셋 링크

https://www.kaggle.com/mirichoi0218/insurance

데이터셋 특징

- 보험료 예측 데이터셋은 정수로 나타내지는 나이(Age), 두 개의 이분적 속성 성별(Sex), 흡연(Smoker), 세 개의 정량적 속성 체질량지수(BMI), 자녀 수(Children), 보험료(Charges)를 포함하여 총 6개의 속성으로 이루어져 있습니다. 총 6가지의 속성을 통해 각 속성 간의 상관관계 및 각 속성이 보험료에 미치는 영향 등을 파악해 볼 수 있으며, 총 1,338개의 데이터 포인트를 가지고 있습니다. 해당 데이터에서는 접근성을 향상하기 위해 원본 데이터가 가지고 있는 달러와 같은 단위를 학생들에게 더 익숙한 원과 같은 단위로 변환해 주었습니다.

※ 데이터 포인트(Data Point)?
데이터셋에 존재하는 하나의 데이터는 여러 개의 속성을 가지고 있습니다. 예를 들면, 어떠한 데이터가 (키, 몸무게) 두 가지의 속성으로 이루어졌을 때, 하나의 데이터는 (170, 70) 과 같이 표현될 수 있습니다. 이는 2차원 공간에 하나의 점으로 표현될 수 있습니다. 이처럼 각각의 데이터가 다차원의 공간에 표현될 수 있다는 점에서 데이터 포인트라는 용어를 사용합니다.

데이터셋 구성

① 나이(Age)
- 대상자의 나이를 나타내는 요소. (최솟값: 18, 최댓값: 64)

② 성별(Sex)
- 대상자의 성별을 나타내는 요소. 활용의 용이성 및 다른 요소와의 표현을 통일하기 위해 0, 1로 변환하여 줌. (남자: Male, 여자: Female) → (남자: 1, 여자: 0)

③ 체질량지수(BMI)
- 대상자의 키와 몸무게를 이용해 측정자의 비만도를 판단하기 위한 값을 나타내는 속성. (최솟값: 16, 최댓값: 53.1)

④ 자녀 수(Children)
- 대상자의 자녀 수를 나타내는 요소. (최솟값: 0, 최댓값: 5)

⑤ 흡연(Smoker)
- 대상자의 흡연 여부를 나타내는 속성. 활용의 용이성 및 다른 속성과의 표현을 통일하기 위해 0, 1로 변환하여줌. (비흡연: no, 흡연: yes) → (비흡연: 0, 흡연: 1)

⑥ 보험료(Charges)
- 다양한 속성들을 바탕으로 측정된 보험료를 나타내는 속성. $(달러)로 표기된 값을 간단한 계산식을 통해 ₩(원) 단위로 변환한 뒤 100원 단위는 버렸음. (최솟값: 134,000, 최댓값: 7,652,000)

데이터셋 예시

1. 원 데이터(Raw Data)

CSV 파일 데이터의 경우 아래 그림과 같이 표와 같은 형태로 표현되어 있습니다. 이때, 각 열의(column) 경우 데이터의 속성(해당 데이터의 경우 나이, 성별 등)을 나타내고 있으며, 각 행(row)의 경우 각 대상자에 대한 데이터를 나타내고 있습니다. 보험료 예측 데이터셋의 경우 총 1,338의 행에 대해서 6개의 열로 이루어져 있습니다.

	age	sex	bmi	children	smoker	region	charges
0	19	female	27.900	0	yes	southwest	16884.92400
1	18	male	33.770	1	no	southeast	1725.55230
2	28	male	33.000	3	no	southeast	4449.46200
3	33	male	22.705	0	no	northwest	21984.47061
4	32	male	28.880	0	no	northwest	3866.85520

[그림 1] 보험료 예측 원본 데이터 예시

2. 시각화 데이터

시각화 데이터의 경우 각 원본 데이터에서 각 열에 해당하는 데이터의 분포를 나타낸 것으로 해당 속성(나이, 성별 등)에 대한 대상자의 분포에 대한 정보를 나타냅니다. 이는 엑셀을 통해서도 직접 확인해볼 수 있습니다.

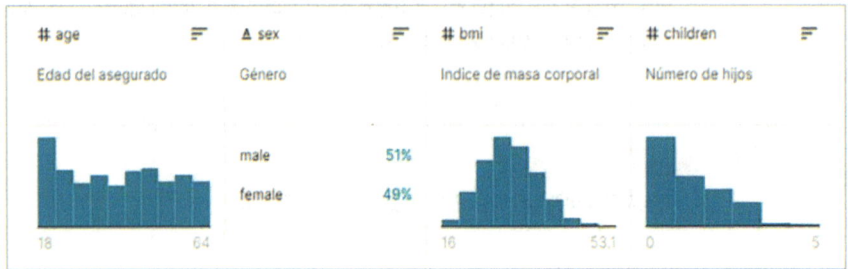

— 출처 : https://www.kaggle.com/mirichoi0218/insurance/data

[그림 2] 보험료 예측 데이터 시각화 예시

데이터셋 활용

1 데이터셋을 구성하는 요소들의 전처리(정규화) 해보기

입력데이터에 있는 각 속성은 서로 다른 값의 범위를 가지고 있습니다. 예를 들어, 어떤 값은 18과 64의 값을 나타내고, 어떤 것은 0과 5 사이의 값을 가진다. 보험료 데이터셋은 비교적 각 속성 간의 범위의 차이가 적은 편이지만 다른 규모를 여러 속성을 신경망에 입력하면 학습을 더욱 어렵게 하는 경향이 있습니다. 따라서, 속성별로 정규화를 진행해주는 과정이 필요합니다. 이를 위해, 입력데이터에 있는 각 속성에 대해서 요솟값들의 평균을 빼고 표준 편차로 나눕니다. 이를 통해, 데이터의 값들의 중앙이 0 근처에 맞추어지고 표준 편차가 1이 되도록 변환할 수 있습니다.

※ 신경망(Neural Network)?
인공지능에서 활용되는 신경망은 인간의 두뇌에 있는 신경세포가 전기신호를 전달하는 원리에서 고안되었습니다. 신경망은 입력을 변환해 주는 여러 가지 수학적 함수를 거쳐서 출력값을 반환합니다. 일반적인 함수와 달리 신경망에서는 입력은 여러 개의 함수를 거쳐 최종 출력으로 변환이 됩니다. 즉, 다양한 함수들이 입력값을 우리가 원하는 출력값으로 변환하기 위해서 학습되는 과정이 신경망에서는 필요합니다. 이러한 과정을 학습(Train)이라고 부릅니다.

인공지능과 미래사회 p.70

※ 정규화(Normalization) 필요성?

인공지능은 데이터에 영향을 많이 받습니다. 따라서, 인공지능을 훈련시킬 때 예측하고자 하는 것과 연관이 있을 만한 여러 개의 요소를 활용합니다. 예를 들어, 아파트의 가격을 예측하기 위해서 인공지능을 훈련시킨다고 가정하면, 아파트의 평수, 아파트의 연식, 주변 편의시설의 개수 등을 활용할 수 있습니다. 그러나 이러한 요소들은 각각 '평', '년', '개수' 등의 다른 단위로 표현이 됩니다. 따라서, 요소 간의 직접적인 비교가 불가능합니다. 물건의 크기와 물건의 가격을 직접적으로 비교할 수 없는 것처럼 말이죠. 그리고 단위가 같더라도 값의 범위가 크게 차이 나는 상황에서도 제대로 비교하는 것이 힘듭니다. 시험 점수만 하더라도 100점 만점에서 90점을 맞는 것과 1,000점 만점에서 90점을 맞는 것은 완전히 다른 경우인 것처럼 말이죠. 따라서 특성들의 단위를 무시할 수 있도록, 또한 특성들의 값의 범위를 비슷하게 만들어줄 필요가 있습니다. 그것이 바로 정규화가 필요한 이유입니다.

2 학습데이터, 테스트 데이터 분류하기

인공지능을 통해 학습한 회귀분석 모델의 정확성을 파악하기 위해서는 학습데이터와 테스트 데이터의 완전한 분류가 필요합니다. 이를 위해서 주어진 데이터셋을 7(학습):3(테스트), 8(학습):2(테스트) 등의 비율로 분류해봅시다.

※ 학습/테스트 데이터 분류의 필요성?

인공지능 모델을 학습하면 실제로 활용하기 전에 학습된 모델에 대한 성능평가가 필요합니다. 학습데이터를 바탕으로 학습된 모델에 대해서 학습 데이터로 성능평가를 진행하면 모델이 이미 학습데이터에 맞는 특성으로 학습이 진행되었기 때문에 당연히 높은 성능이 나올 수밖에 없습니다. 따라서, 학습데이터와 테스트 데이터로 전체 데이터를 나눈 후 성능평가 단계에서는 학습에 이용하지 않은 테스트 데이터를 사용하여야 합니다.

3 학습데이터 시각화하기

인공지능과 미래사회 p.90

숫자를 통해 표현된 데이터를 시각화하는 것은 데이터를 직관적으로 이해하는 데 도움이 되기 때문에, 데이터의 구성 및 특성을 이해하는 데 아주 중요한 도구로 활용됩니다. 교과서에 나온 내용을 바탕으로 학습데이터를 막대그래프 형태로 표현하여 데이터의 속성별 분포를 확인하여 봅시다.

4 데이터셋을 구성하는 각 요소 간의 상관관계를 파악하기

Q1-1 대상자의 나이(입력)와 BMI(출력)에 대한 회귀분석 모델을 통해 대상자의 나이와 BMI가 상관관계를 가졌는지 알아봅시다.

Q1-2 두 속성 간의 상관관계가 있다면 어떠한 상관관계를 가졌는지 알아봅시다.

Q1-3 입력과 출력을 바꾸어서 상관관계를 파악해보자.

Q2-1 대상자의 자녀 수(입력)와 보험료(출력)에 대한 회귀분석 모델을 통해 자녀 수와 보험료가 상관관계를 가졌는지 알아봅시다.

Q2-2 두 속성 간의 상관관계가 있다면 어떠한 상관관계를 가졌는지 알아봅시다.

Q2-3 입력과 출력을 바꾸어서 상관관계를 파악해보자.

Q3-1 다른 특성(성별, 흡연 여부)을 가진 집단 간의 보험료 분포 차이를 통해 각 특성이 보험료에 미치는 영향에 대해서 알아봅시다.

1. 수치/텍스트 데이터셋

데이터셋 코드

데이터 처리에 필요한 라이브러리를 선언하는 부분
import pandas as pd %% csv 파일 처리를 위한 라이브러리
import numpy as np %% 숫자 계산 처리를 위한 라이브러리
import csv   %% csv 파일 저장을 위한 라이브러리
import urllib.request %% 링크를 통한 다운로드를 위한 라이브러리
##

보험료 데이터를 링크를 통해 내려받는 부분
print('Beginning file download with urllib2...')
url = '링크 주소'
urllib.request.urlretrieve(url, '파일 저장경로 및 파일 이름')

※ 다운로드 주소 선언
url = '링크 주소' 부분에 원하는 링크의 주소를 입력하여 원하는 소스로부터 데이터를 내려받을 수 있습니다.
예시) url = 'https://raw.githubusercontent.com/krish1407/Medical-Cost-Personal-Datasets/master/insurance.csv'

※ 다운로드 파일 저장경로 선언
ex) './insurance.csv'– 현재 폴더에 저장
##

내려받은 데이터를 읽어오는 부분
insurance = pd.read_csv('insurance.csv', names= ['age', 'sex', 'bmi', 'children', 'smokes', 'region', 'charges'], encoding = 'UTF-8')
################################

성별 및 흡연 여부 단위 표현을 변환하는 부분
insurance['sex'][df['sex'] == 'male'] = 1
insurance['sex'][df['sex'] == 'female'] = 0
insurance['smokes'][df['smokes'] == 'yes'] = 1
insurance['smokes'][df['smokes'] == 'no'] = 0
※ 숫자로 표현되는 다른 데이터와의 표현 통일성을 위해 텍스트로 표현된 데이터를 숫자 라벨로 변환합니다.

##

$(달러) 단위를 ₩(원) 단위로 변환해 주는 부분
for i in range(insurance.shape[0]-1):
    dollar = np.float(insurance['charges'][i+1])
    won = str(np.round(dollar*120) - np.round(dollar*120)%1000)
    insurance['charges'][i+1] = won

※ 데이터 변환 수식
$(달러) 당 환율 1,200원을 적용하여 ₩(원) 단위로 변환하여주어야 하지만, 보험료의 단위가 너무 커지기 때문에 달러당 120원을 적용하여 보험료 값의 범위를 조정하여 주었습니다. 또한, 보험료가 천원 단위로 떨어지게 하려면 반올림 함수(np.round(dollar*120))와 1,000원으로 나눈 몫을 제거해주어 원 단위 버림을 위한 식을 구성하였습니다.
#####################################

지역 속성 제거하는 부분
insurance = insurance.drop('region', axis=1)

※ 데이터 속성 제거
insurance = insurance.drop('속성명', axis=1)에서 속성 명을 변경하면 해당하는 속성에 해당하는 행(column)을 제거할 수 있습니다.
#########################

각 속성 명을 한글로 변환하여주는 부분
insurance['age'][0] = '나이'
insurance['sex'][0] = '성별'
insurance['bmi'][0] = '체질량지수'
insurance['children'][0] = '자녀 수'
insurance['smokes'][0] = '흡연'
insurance['charges'][0] = '보험료'
###################################

최종적으로 데이터 저장하는 부분
insurance.to_csv("temp.csv(저장경로+파일명)", mode='w', index=False, header= False, encoding = 'CP949')

데이터셋 코드

※ 저장경로 + 파일명 예시
"./home/project/insurance/insurance.csv"
"/insurance.csv"

※ Encoding Type의 변화가 생긴 이유는? ('UTF-8'→ 'CP949')
윈도우 환경에서는 'CP949'을 통해 문자열이 인코딩됩니다. 따라서, 'UTF-8'타입으로 저장하면 윈도우에서 csv 파일을 읽어올 때, 한글 깨짐 현상이 발생하기 때문에, 인코딩 타입의 변환이 필요합니다.

f1 = open('temp.csv','r', encoding = 'CP949')
r_temp = csv.reader(f1)

f2 = open('보험료.csv','w', newline='', encoding = 'CP949')
wr = csv.writer(f2)

for line in r_temp:
   wr.writerow(line)
f1.close()
f2.close()

※ 노코딩 플랫폼(예; KNIME)에서는 to_csv(pandas 라이브러리) 함수를 통해 저장했을 경우 데이터를 제대로 인식하지 못하여, write(csv 라이브러리) 함수를 통해 노코딩 플랫폼(예; KNIME) 호환 가능하도록 데이터를 저장하여 줍니다.
###############

데이터셋 | 수치·텍스트 데이터셋

02 학생 수학 성적 예측 데이터셋

| 난이도 ★★ |
| 흥미도 ★★★ |
| 형태 CSV파일 |

학생 수학 성적 예측 데이터셋은 총 9가지의 속성으로 구성된 데이터셋으로, 8가지 속성(성별, 나이, 통학 시간, 공부 시간 등) 간의 상관관계 및 각 속성과 수학 성적 간의 상관관계를 유추해 볼 수 있습니다. 해당 데이터의 경우 총 33개의 많은 속성을 가지고 있어, 상대적으로 입문자가 활용하기 어려운 점이 있지만, 다양한 속성을 바탕으로 여러 데이터에 대해 분석을 해볼 수 있고, 무엇보다 학생들의 현재 상황과 비슷하므로 상대적으로 흥미 측면에서 활용도가 높은 데이터셋입니다.

데이터셋 명
- 수학 성적 예측 데이터셋(Student Performance Dataset)

데이터 카테고리
- 수치/텍스트

데이터셋 목적
- 회귀분석(Regression)

※ 회귀분석이란?
어떤 변수와 하나 또는 그 이상의 다른 변수와의 의존관계, 변수 사이의 인과관계를 분석하는 통계기법 중의 하나입니다.
회귀분석을 통해 특정 변숫값의 변화와 다른 변숫값의 변화가 가지는 수학적 함수식을 파악함으로써 상호관계를 추론할 수 있습니다. 즉, 특정 변수(독립변수)의 변화가 다른 변수(종속변수)의 변화와 어떤 관련성이 있는지 관련이 있다면 어느 변수의 변화가 원인이 되고 어느 변수가 그에 따른 결과로 나타난 것인지와 같은 사항을 분석할 수 있습니다.

데이터셋 링크
https://archive.ics.uci.edu/ml/datasets/Student+Performance

Ⅰ. 수치/텍스트 데이터셋

데이터셋 특징

- 학생 수학 성적 예측 데이터셋은 정숫값으로 표현된 성별, 나이, 통학, 공부 시간, 이성 친구, 방과 후 자유시간, 건강, 결석 및 수학 성적을 포함한 총 9개의 속성으로 이루어져 있습니다. 총 9가지의 속성을 통해 각 속성 간의 상관관계 및 각 속성이 학생의 수학 성적에 미치는 영향 등을 파악해 볼 수 있습니다. 총 349개의 데이터 포인트를 가지고 있습니다.

※ 원본 데이터와의 차이?
실제로 파일을 통해 추출된 데이터의 경우에는 학생들이 더욱 간단하고 손쉽게 다양한 예제들을 분석할 수 있도록 가공이 되어 있습니다. 학생 수학 성적 예측 데이터셋의 원본 데이터의 경우에는 본 데이터에는 포함되어 있지 않은 지역, 학교 등의 추가 속성 등을 포함한 총 33개의 속성으로 이루어져 있습니다. 또한, 수학 성적 이외에 포르투갈어에 대한 데이터도 존재합니다. 위의 링크를 통해 원본 데이터셋에 접근하여, 임의로 추출된 속성 이외에 다양한 속성에 대해서도 추가적인 분석을 진행할 수 있습니다.

데이터셋 구성

① 성별(Sex)
- 대상자의 성별을 나타내는 속성. (남자: 1, 여자: 0)

② 나이(Age)
- 대상자의 나이를 나타내는 속성. (최솟값: 15, 최댓값: 22)

③ 통학
- 대상자의 집에서 학교까지 걸리는 시간을 나타내는 속성.
 (1: 15분 미만, 2: 15-30분, 3: 30~60분, 4: 60분 이상)

④ 공부 시간
- 대상자가 주당 공부에 소요하는 시간을 나타내는 속성.
 (1: 2시간 이하, 2: 2~5시간, 3: 5~10시간, 4: 10시간 이상)

⑤ 이성 친구
- 대상자의 이성 친구의 유무를 나타내는 속성. (있음: 1, 없음: 0)

⑥ 방과 후 자유시간
- 대상자의 방과 후 자유시간의 정도를 나타내는 속성으로 설문 조사를 통해 얻은 결괏값을 정수로 표현한 값. (1: 매우 적음, 2: 적음, 3: 보통, 4: 많음, 5: 매우 많음)

⑦ 건강
- 대상자의 현재 건강 상태를 나타내는 속성으로, 설문 조사를 통해 얻은 결괏값을 정수로 표현한 값.
 (1: 매우 나쁨, 2: 나쁨, 3: 보통, 4: 건강, 5: 매우 건강)

⑧ 결석
- 대상자가 학교에 결석한 총 날짜를 나타내는 속성. (최솟값: 0, 최댓값: 93)

| 02. 학생 수학 성적 예측 데이터셋 |

⑨ 수학 성적

– 대상자의 수학 성적을 나타내는 속성으로 해당 데이터셋에서는 총 3차례에 걸친 수학 성적 데이터 중 3차 시험에 해당하는 데이터를 추출하였습니다.
(최솟값: 3, 최댓값: 19)

⑩ 이외의 속성

– 학교(school), 주소지(address), 가족 규모(famsize), 아버지 동거 여부(Pstatus), 어머니 교육 수준(Medu), 아버지 교육 수준은(Fedu), 어머니 직업(Mjob), 아버지 직업(Fjob), 해당 학교 진학 이유(reason), 보호자(guardian), 과목낙제 횟수(failures), 과외활동 지원(schoolsup), 가족의 교육지원(famsup), 사교육(paid), 평일 알코올 섭취량(workalc), 주말 알코올 섭취량(Walc), 1차 시험 성적(G1), 2차 시험 성적(G2) 등등

1. 원 데이터(Raw Data)

CSV 파일 데이터의 경우 아래 그림과 같이 표와 같은 형태로 표현되어 있습니다. 이때, 각 열(column) 경우 데이터의 속성(해당 데이터의 경우 나이, 성별 등)을 나타내고 있으며, 각 행(row)의 경우 각 대상자에 대한 데이터를 나타내고 있습니다. 보험료 예측 데이터셋의 경우 총 349개의 행과 9개의 열로 이루어져 있습니다.

성별	나이	통학시간	공부시간	이성친구	방과후자유시간	건강	결석	수학성적
0	18	2	2	0	3	3	6	5
0	17	1	2	0	3	3	4	5
0	15	1	2	0	3	3	10	7
0	15	1	3	1	2	5	2	15
0	16	1	2	0	3	5	4	6
1	16	1	2	0	4	5	10	15

[그림 1] 학생 수학 성적 예측 원본 데이터 예시

2. 시각화 데이터

시각화 데이터의 경우 각 원본 데이터에서 각 열에 해당하는 데이터의 분포를 나타낸 것으로 해당 속성(나이, 성별 등)에 대한 대상자의 분포에 대한 정보를 나타냅니다. 이는 엑셀을 통해서도 직접 확인해볼 수 있습니다.

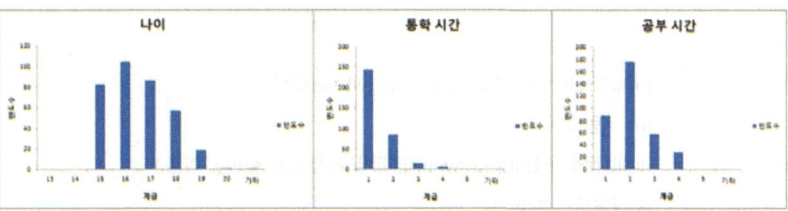

[그림 2] 학생 수학 성적 예측 데이터 시각화 예시

Ⅰ. 수치/텍스트 데이터셋

데이터셋 활용

1 학습데이터, 테스트 데이터 분류하기

인공지능을 통해 학습한 회귀분석 모델의 정확성을 파악하기 위해서는 학습 데이터와 테스트 데이터의 완전한 분류가 필요합니다. 이를 위해서 주어진 데이터셋을 7(학습):3(테스트), 8(학습):2(테스트) 등의 비율로 분류해봅시다.

2 데이터셋을 구성하는 각 속성 간의 상관관계를 파악하기

Q1-1 대상자의 공부 시간(입력)과 수학 성적(출력)에 대한 회귀분석 모델을 통해 대상자의 공부 시간과 수학 성적이 상관관계를 가졌는지 알아봅시다.

Q1-2 두 속성 간의 상관관계가 있다면 어떠한 상관관계를 가졌는지 알아봅시다.

Q1-3 입력과 출력을 바꾸어서 상관관계를 파악해보자.

Q2-1 대상자의 통학 시간(입력)과 수학 성적(출력)에 대한 회귀분석 모델을 통해 통학 시간과 수학 성적이 상관관계를 가졌는지 알아봅시다.

Q2-2 두 속성 간의 상관관계가 있다면 어떠한 상관관계를 가졌는지 알아봅시다.

Q2-3 입력과 출력을 바꾸어서 상관관계를 파악해보자.

Q3-1 다른 특성(이성 친구 유무, 건강 상태)을 가진 집단 간의 수학 성적의 분포 차이를 통해 각 특성이 수학 성적에 미치는 영향에 대해서 알아봅시다.

데이터셋 코드

```
### 데이터 처리에 필요한 라이브러리를 선언하는 부분 ###
import pandas as pd        %% csv 파일 처리를 위한 라이브러리
import numpy as np         %% 숫자 계산 처리를 위한 라이브러리
import csv                 %% csv 파일 저장을 위한 라이브러리
import urllib.request      %% 링크를 통한 다운로드를 위한 라이브러리
##############################################


### 데이터를 내려받는 부분 ###
print('Beginning file download with urllib2...')
url = '링크주소'
urllib.request.urlretrieve(url, '파일 저장경로 및 파일 이름')
```
※ 다운로드 주소 선언
url = '링크 주소' 부분에 원하는 링크의 주소를 입력하여 원하는 소스로부터 데이터를 내려받을 수 있습니다.

예시) url = 'https://drive.google.com/u/3/uc?id=1ROipU8RCoiw9gXl-78JOTT4BFJGyhg9Y&export=download'
※ 다운로드 파일 저장경로 선언
ex) './math.csv'- 현재 폴더에 저장
############################

내려받은 데이터를 읽어오는 부분
df = pd.read_csv('math.csv', names= ['school', 'sex', 'age', 'address', 'famsize' , 'Pstatus', 'Medu', 'Fedu', 'Mjob', 'Fjob', 'reason', 'guardian', 'traveltime', 'studytime', 'failures', 'schoolsup', 'famsup', 'paid', 'activities', 'nursery', 'higher', 'internet', 'romantic', 'famrel', 'freetime', 'goout', 'Dalc', 'Walc', 'health', 'absences', 'G1', 'G2', 'G3'])
######################
##########

데이터에서 활용하지 않은 속성을 제거하는 부분
df = df.drop('school',axis=1)
df = df.drop('address',axis=1)
df = df.drop('famsize',axis=1)
df = df.drop('Pstatus',axis=1)
df = df.drop('Medu',axis=1)
df = df.drop('Fedu',axis=1)
df = df.drop('Mjob',axis=1)
df = df.drop('Fjob',axis=1)
df = df.drop('reason',axis=1)
df = df.drop('guardian',axis=1)
df = df.drop('failures',axis=1)
df = df.drop('schoolsup',axis=1)
df = df.drop('famsup',axis=1)
df = df.drop('paid',axis=1)
df = df.drop('activities',axis=1)
df = df.drop('nursery',axis=1)
df = df.drop('higher',axis=1)
df = df.drop('internet',axis=1)
df = df.drop('famrel',axis=1)
df = df.drop('goout',axis=1)
df = df.drop('Dalc',axis=1)

I. 수치/텍스트 데이터셋

데이터셋 코드

df = df.drop('Walc',axis=1)
df = df.drop('G1',axis=1)
df = df.drop('G2',axis=1)

※ 데이터 속성 제거
insurance = insurance.drop('속성명', axis=1)에서 속성명을 변경하면 해당하는 속성에 해당하는 행(column)을 제거할 수 있습니다.
##

데이터 변환하여주는 부분
df['sex'][df['sex'] == 'M'] == 1
df['sex'][df['sex'] == 'F'] == 0

df['romantic'][df['romantic'] == 'yes'] == 1
df['romantic'][df['romantic'] == 'no'] == 0
##############################

데이터 속성 명을 한글로 변환하는 부분
df['sex'][0] ='성별'
df['age'][0] = '나이'
df['traveltime'][0] = '통학 시간'
df['studytime'][0] = '공부 시간'
df['romantic'][0] = '이성 친구'
df['freetime'][0] = '방과 후 자유시간'
df['health'][0] = '건강'
df['absences'][0] = '결석'
df['G3'][0] = '수학 성적'
##################################

최종적으로 데이터 저장하는 부분
df.to_csv("filename.csv", mode='w', index=False, header= False, encoding = 'CP949')

※ 저장경로 + 파일명 예시
"./home/project/math/math.csv"
혹은 "./math.csv"

- ※ Encoding Type의 변화가 생긴 이유는? ('UTF-8'→ 'CP949')
  윈도우 환경에서는 'CP949'을 통해 문자열이 인코딩됩니다. 따라서, 'UTF-8' 타입으로 저장하면 윈도우에서 csv 파일을 읽어올 때, 한글 깨짐 현상이 발생하기 때문에, 인코딩 타입의 변환이 필요합니다.

  ```
  f = open('filename.csv','r', encoding = 'CP949')
  rdr = csv.reader(f)
  f2 = open('math.csv','w', newline='', encoding = 'CP949')

  wr = csv.writer(f2)

  for line in rdr:
      wr.writerow(line)

  f.close()
  f2.close()
  ```

  ※ 노코딩 플랫폼(예; KNIME)에서는 to_csv(pandas 라이브러리) 함수를 통해 저장했을 경우 데이터를 제대로 인식하지 못하여, write(csv 라이브러리) 함수를 통해 노코딩 플랫폼(예; KNIME) 호환 가능하도록 데이터를 저장하여 줍니다.
  ###

데이터셋 | 수치·텍스트 데이터셋

03 포도주 품질 예측 데이터셋

- 난이도 ★
- 흥미도 ★★
- 형 태 CSV파일

포도주 품질 예측 데이터셋은 총 8가지의 속성으로 구성된 데이터셋으로, 8가지 속성(구연산 농도, 잔류 당분 농도, pH, 도수 등) 간의 상관관계 및 각 속성과 포도주의 품질 간 상관관계를 유추해 볼 수 있습니다. 해당 데이터는 상대적으로 적은 속성의 개수와 데이터 포인트를 가지고 있으므로 기계 학습 입문자가 다루기 좋으며, 또한 포도주 품질 점수를 바탕으로 분류 작업을 위한 모델로 변형하는 등으로 활용되기도 하여, 접근성 및 활용도가 좋은 데이터셋입니다.

데이터셋 명
- 포도주 품질 예측 데이터셋

데이터 카테고리
- 수치/텍스트

데이터셋 목적
- 회귀분석(Regression)

※ 회귀분석이란?
어떤 변수와 하나 또는 그 이상의 다른 변수와의 의존관계, 변수 사이의 인과관계를 분석하는 통계기법 중의 하나입니다.
회귀분석을 통해 특정 변숫값의 변화와 다른 변숫값의 변화가 가지는 수학적 함수식을 파악함으로써 상호관계를 추론할 수 있습니다. 즉, 특정 변수(독립변수)의 변화가 다른 변수(종속변수)의 변화와 어떤 관련성이 있는지 관련이 있다면 어느 변수의 변화가 원인이 되고 어느 변수가 그에 따른 결과로 나타난 것인지와 같은 사항을 분석할 수 있습니다. 예를 들어 아래 그림을 보면 키와 몸무게를 나타내는 좌푯값은 빨간 선 주변에 위치하는 경향을 띠고 있습니다. 따라서 키와 몸무게는 양의 상관관계가 있음을 알 수 있습니다. 이와 달리 키와 시력을 나타내는 좌푯값은 2차원에서 어떠한 그래프로도 나타내기 어렵게 분포되어 있어서 둘 간의 상관관계는 없는 것으로 분석할 수 있습니다.

| 03. 포도주 품질 예측 데이터셋 |

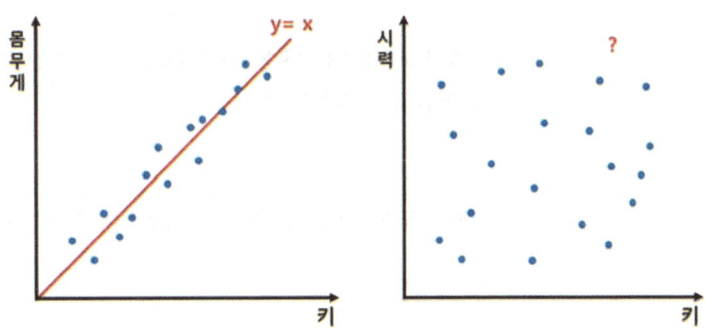

데이터셋 링크

https://www.kaggle.com/uciml/red-wine-quality-cortez-et-al-2009

데이터셋 특징

- 포도주 품질 예측 데이터셋은 실숫값으로 나타내진 구연산 농도(citric acid), 잔류 당분 농도(residual sugar), 염화나트륨 농도(shlorides), 밀도(density), pH, 황산칼륨 농도(sulphates), 도수(alcohol) 및 정수로 표현되는 품질(quality)을 포함하여 총 8개의 속성으로 이루어져 있습니다. 총 8가지의 속성을 통해 각 속성 간의 상관관계 및 각 속성이 적포도주의 품질에 미치는 영향 등을 파악해 볼 수 있으며, 총 1,599개의 데이터 포인트를 가지고 있습니다.

※ 원본 데이터와의 차이?
실제로 파일을 통해 추출된 데이터의 경우에는 학생들이 더욱 간단하고 손쉽게 다양한 예제들을 분석할 수 있도록 가공이 되어있습니다. 포도주 품질 예측 데이터셋의 원본 데이터의 경우에는 본 데이터셋에 포함되어 있지 않은 고정산도(fixed acidity), 휘발성 산도(volatile acidity) 등을 포함한 총 12개의 속성으로 이루어져 있습니다. 위의 링크를 통해 원본 데이터셋에 접근하여, 임의로 추출된 속성 이외에 다양한 속성에 대해서도 분석을 진행할 수 있습니다.

데이터셋 구성

① 구연산 농도
- 해당 포도주의 구연산 농도를 나타낸 속성. (최솟값: 0, 최댓값: 1)

② 잔류 당분 농도
- 해당 포도주의 잔류 당분 농도를 나타낸 속성. (최솟값: 0.9, 최댓값: 15.5)

③ 염화나트륨 농도
- 해당 포도주의 염화나트륨 농도를 나타낸 속성. (최솟값: 0.012, 최댓값: 0.611)

④ 밀도
- 해당 포도주의 밀도를 나타낸 속성으로 알코올 도수와 당분의 함유량에 영향을 받음.
(최솟값: 0.990, 최댓값: 1.003)

⑤ pH
- 해당 포도주의 수소 이온 농도 지수를 나타내는 속성. 산성이나 알칼리성의 정도를 나타냄.
  (최솟값: 2.74, 최댓값: 4.01)

⑥ 황산칼륨 농도
- 해당 포도주의 황산칼륨의 농도를 나타낸 속성. (최솟값: 0.33, 최댓값: 2)

⑦ 도수
- 해당 포도주의 알코올 도수를 나타낸 속성. (최솟값: 8.4, 최댓값: 14.9)

⑧ 품질
- 해당 포도주의 품질을 수치화하여 나타낸 속성. (0: 나쁨 ~ 10: 좋음)

1. 원 데이터(Raw Data)

CSV 파일 데이터의 경우 아래 그림과 같이 표와 같은 형태로 표현되어 있습니다. 이때, 각 열의(column) 경우 데이터의 속성(해당 데이터의 경우 구연산 농도, 잔류 당분, 염화나트륨 밀도 등)을 나타내고 있으며, 각 행(row)의 경우 각 대상자에 대한 데이터를 나타내고 있습니다. 포도주 품질 예측 데이터셋의 경우 총 1,599의 행과 8개의 열로 이루어져 있습니다.

구연산 농도	잔류 당분	염화나트륨	밀도	pH	황산칼륨	도수	품질
0	1.9	0.076	0.9978	3.51	0.56	9.4	5
0	2.6	0.098	0.9968	3.2	0.68	9.8	5
0.04	2.3	0.092	0.997	3.26	0.65	9.8	5
0.56	1.9	0.075	0.998	3.16	0.58	9.8	6
0	1.9	0.076	0.9978	3.51	0.56	9.4	5
0	1.8	0.075	0.9978	3.51	0.56	9.4	5
0.06	1.6	0.069	0.9964	3.3	0.46	9.4	5

[그림 1] 포도주 품질 예측 원본 데이터 예시

2. 시각화 데이터

시각화 데이터의 경우 각 원본 데이터에서 각 열에 해당하는 데이터의 분포를 나타낸 것으로 다양한 속성에 대한 대상자의 분포에 대한 정보를 나타냅니다. 이는 엑셀을 통해서도 직접 확인해볼 수 있습니다.

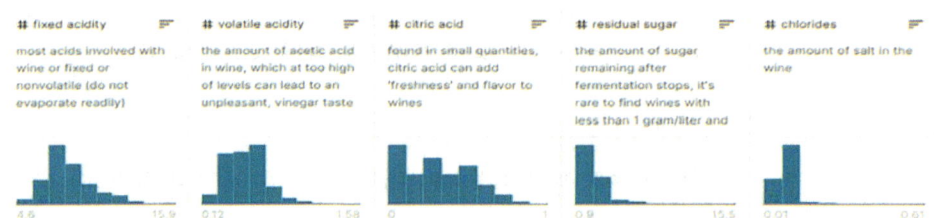

출처 : https://www.kaggle.com/uciml/red-wine-quality-cortez-et-al-2009/data

[그림 2] 포도주 품질 예측 데이터 시각화 예시

| 03. 포도주 품질 예측 데이터셋 |

데이터셋 활용

인공지능과 미래사회 p.70

1 데이터셋을 구성하는 속성들의 전처리(정규화) 해보기

입력데이터에 있는 각 속성은 서로 다른 단위로 표현되는 데이터입니다. 따라서, 속성별로 정규화를 진행해주는 과정이 필요하다. 입력데이터에 있는 각 속성에 대해서 요솟값들의 평균을 빼고 표준 편차로 나눕니다. 이를 통해, 데이터의 값들의 중앙이 0 근처에 맞추어지고 표준 편차가 1이 되도록 변환할 수 있습니다.

2 학습데이터, 테스트 데이터 분류하기

인공지능을 통해 학습한 회귀분석 모델을 정확성을 파악하기 위해서는 학습데이터와 테스트 데이터의 완전한 분류가 필요합니다. 이를 위해서 주어진 데이터셋을 다양한 비율로 분류해보자. [7(학습):3(테스트), 8(학습):2(테스트)].

3 데이터셋을 구성하는 각 속성 간의 상관관계를 파악하기

Q1-1 도수(입력)와 밀도(출력)에 대한 회귀분석 모델을 통해 대상자의 알코올 도수와 밀도가 상관관계를 가졌는지 알아보자.

Q1-2 두 속성 간의 상관관계가 있다면 어떠한 상관관계를 가졌는지 알아봅시다.

Q1-3 입력과 출력을 바꾸어서 상관관계를 파악해보자.

Q2-1 해당일의 잔류 당분 농도(입력)와 품질(출력)에 대한 회귀분석 모델을 통해 잔류 당분 농도와 포도주 품질이 상관관계를 가졌는지 알아보자.

Q2-2 두 속성 간의 상관관계가 있다면 어떠한 상관관계를 가졌는지 알아봅시다.

Q2-3 입력과 출력을 바꾸어서 상관관계를 파악해보자.

Q3-1 다른 특성(계절, 평일 여부 등)에 따른 총대여량의 분포 차이를 통해 각 특성이 총대여량에 미치는 영향에 대해서 알아보자.

4 회귀분석 문제를 분류 문제로 변환해보기

포도주 품질 속성에 문턱값을 도입하여, 회귀분석 문제를 분류 문제로 변환해보자. 예를 들어 문턱값을 6점으로 설정할 경우, 포도주 품질 요솟값이 0-6 사이의 값을 가지면 (0: 나쁨)으로 설정하고, 6 이상의 값을 가지면 (1: 좋음)으로 설정하여보자. 2단계 이외에 3단계로도 설정하여 변환하여 보자.

※ 회귀분석?
회귀분석 문제의 목적은 연속적인 숫자를 예측하는 것입니다. 다양한 속성을 통해 보험료, 성적 등을 예측하는 것이 그 예입니다. 이와 달리 분류 문제는 사전에 정의된 분류 유형(class)이 존재하고, 모델은 입력데이터를 바탕으로 미리 정의된 분류 유형 중에 입력데이터가 속할 가능성이 가장 큰 항목을 예측하는

것입니다. 간단한 예시로, 동물의 사진을 보고 개인지 고양이인지 구분하는 것이 있습니다. 이는 두 개의 클래스(항목)를 가진 이진 분류(binary classification)라고 볼 수 있습니다. 분류와 회귀분석의 차이는 출력값의 연속성이라고 생각할 수 있습니다. 만약, 점수를 예측한다고 할 때는 예상 점수가 0점과 10점 사이의 어느 값이든지 문제가 되지 않습니다. 하지만 분류 모델의 경우에는 개/고양이 두 가지 선택지 이외에 개와 고양이 중간을 나타내는 출력값은 존재하지 않습니다.

데이터셋 코드

데이터 처리에 필요한 라이브러리를 선언하는 부분
import pandas as pd   %% csv 파일 처리를 위한 라이브러리
import numpy as np   %% 숫자 계산 처리를 위한 라이브러리
import csv   %% csv 파일 저장을 위한 라이브러리
import urllib.request   %% 링크를 통한 다운로드를 위한 라이브러리
##

포도주 품질 예측 데이터를 링크를 통해 내려받는 부분
print('Beginning file download with urllib2...')
url = '링크주소'
urllib.request.urlretrieve(url, '파일 저장경로 및 파일 이름')

※ 다운로드 주소 선언
url = '링크주소' 부분에 원하는 링크의 주소를 입력하여 원하는 소스로부터 데이터를 내려받을 수 있습니다.
예시) url = 'https://drive.google.com/u/3/uc?id=18w9sj9bwY7nU1z51nqCg3bFacAU7C-qXA&export=download' '

※ 다운로드 파일 저장경로 선언
ex) './wine.csv' – 현재 폴더에 저장
##

내려받은 데이터를 읽어오는 부분
df = pd.read_csv('wine.csv', names= ['fixed acidity', 'volatile acidity', 'citric acid', 'residual sugar', 'chlorides', 'free sulfur dioxide', 'total sulfur dioxide', 'density', 'pH', 'sulphates', 'alcohol', 'quality'])
################################

| 03. 포도주 품질 예측 데이터셋 |

사용하지 않은 속성 제거하는 부분
df = df.drop('fixed acidity',axis=1)
df = df.drop('volatile acidity',axis=1)
df = df.drop('free sulfur dioxide',axis=1)
df = df.drop('total sulfur dioxide',axis=1)

※ 데이터 속성 제거
insurance = insurance.drop('속성명', axis=1)에서 속성명을 변경하면 해당하는 속성에 해당하는 행(column)을 제거할 수 있습니다.
##########################

각 속성 명을 한글로 변환해주는 부분
df['citric acid'][0] ='구연산 농도'
df['residual sugar'][0] = '잔류 당분 농도'
df['chlorides'][0] = '염화나트륨 농도'
df['density'][0] = '밀도'
df['sulphates'][0] = '황산칼륨 농도'
df['alcohol'][0] = '도수'
df['quality'][0] = '품질'
###################################

최종적으로 데이터 저장하는 부분
df.to_csv("filename.csv", mode='w', index=False, header= False, encoding = 'CP949')

※ 저장경로 + 파일명 예시
"./home/project/wine/wine.csv"
"/wine.csv"

※ Encoding Type의 변화가 생긴 이유는? ('UTF-8'→ 'CP949')
윈도우 환경에서는 'CP949'을 통해 문자열이 인코딩됩니다. 따라서, 'UTF-8' 타입으로 저장하면 윈도우에서 csv 파일을 읽어올 때, 한글 깨짐 현상이 발생하기 때문에, 인코딩 타입의 변환이 필요합니다.

I. 수치/텍스트 데이터셋

데이터셋 코드

f = open('filename.csv', 'r', encoding = 'CP949')
rdr = csv.reader(f)
f2 = open('wine.csv', 'w', newline=' ', encoding = 'CP949')

wr = csv.writer(f2)

for line in rdr:
    wr.writerow(line)

f1.close()
f2.close()

※ 노코딩 플랫폼(예; KNIME)에서는 to_csv(pandas 라이브러리) 함수를 통해 저장했을 경우 데이터를 제대로 인식하지 못하여, write(csv 라이브러리) 함수를 통해 노코딩 플랫폼(예; KNIME) 호환 가능하도록 데이터를 저장하여 줍니다.
##############

데이터셋 | 수치·텍스트 데이터셋

04 자전거 대여량 예측 데이터셋

난이도 ★
흥미도 ★★
형태 CSV파일

자전거 대여 수요 예측 데이터셋은 총 9가지의 속성으로 구성된 데이터셋으로, 날씨 및 휴일과 관련된 12가지의 속성 간의 상관관계 및 각 속성과 자전거 대여 수요량 간의 상관관계를 유추해 볼 수 있습니다. 해당 데이터는 상대적으로 적은 속성의 개수와 데이터 포인트를 가지고 있으므로 회귀분석 입문 과정에서 많이 활용되는 데이터셋 중 하나입니다.

데이터셋 명
- 자전거 대여량 예측 데이터셋(Bike Sharing Demand)

데이터 카테고리
- 수치/텍스트

데이터셋 목적
- 회귀분석(Regression)

※ 회귀분석이란?
어떤 변수와 하나 또는 그 이상의 다른 변수와의 의존관계, 변수 사이의 인과관계를 분석하는 통계기법 중의 하나입니다.
회귀분석을 통해 특정 변숫값의 변화와 다른 변숫값의 변화가 가지는 수학적 함수식을 파악함으로써 상호관계를 추론할 수 있습니다. 즉, 특정 변수(독립변수)의 변화가 다른 변수(종속변수)의 변화와 어떤 관련성이 있는지 관련이 있다면 어느 변수의 변화가 원인이 되고 어느 변수가 그에 따른 결과로 나타난 것인지와 같은 사항을 분석할 수 있습니다.

데이터셋 링크
https://www.kaggle.com/c/bike-sharing-demand

I. 수치/텍스트 데이터셋

데이터셋 특징

- 자전거 대여량 예측 데이터셋은 정숫값으로 표현된 시간, 계절, 휴일, 평일, 날씨, 기온, 체감온도, 습도, 풍속, 비회원 대여, 회원 대여, 총대여 등을 포함한 총 12개의 속성으로 이루어져 있습니다. 총 12가지의 속성을 통해 각 속성 간의 상관관계 및 각 속성이 자전거 대여량에 미치는 영향 등을 파악해 볼 수 있습니다. 총 10,886개의 데이터 포인트를 가지고 있습니다.

※ 원본 데이터와의 차이?
실제로 파일을 통해 추출된 데이터의 경우에는 학생들이 더욱 간단하고 손쉽게 다양한 예제들을 분석할 수 있도록 가공이 되어 있습니다. 자전거 대여량 예측 데이터셋의 원본 데이터의 경우에는 본 데이터에는 제거된 날짜 데이터를 포함한 총 12개의 속성으로 이루어져 있습니다. 위의 링크를 통해 원본 데이터셋에 접근하여, 임의로 추출된 속성 이외에 날짜에 따른 각 속성의 변화에 대해서도 추가로 분석을 진행할 수 있습니다.

데이터셋 구성

① 시간
- 당일 시간을 나타내는 속성 (0: 자정 - 23: 오후 11:00시)

② 계절
- 해당의 계절을 나타내는 속성 (1: 봄, 2: 여름. 3: 가을, 4:겨울)

③ 휴일
- 해당일이 휴일 인지를 나타내는 속성 (1: 휴일, 0: 비 휴일)

④ 평일
- 해당일이 평일 혹은 주말 인지를 나타내는 속성 (1: 평일, 0: 주말)

⑤ 날씨
- 해당 시간의 날씨를 네 분류로 나누어서 나타낸 속성 (1: 맑은 날씨, 2: 약간의 안개가 낀 날씨, 3: 약간의 눈이나 비가 내리는 날씨, 4: 많은 양의 눈이나 비가 내리는 날씨)

⑥ 기온
- 해당 시간에 측정된 기온 값을 나타내는 속성 (최솟값: 1, 최댓값: 41)

⑦ 체감온도
- 해당 시간의 체감온도를 나타내는 것으로, 풍속, 습도, 일사 등을 고려한 체감온도 값(℃)
  (최솟값: 1, 최댓값: 45)

⑧ 습도
- 당일 습도를 나타내는 속성으로. 습도는 현재 기온의 포화 수증기량에 대한 실제 수증기량의 비율로 나타낸 상대 습도(%)를 의미함 (최솟값: 0, 최댓값: 100)

⑨ 풍속
- 당일 측정된 풍속 값을 나타내는 속성 (최솟값: 0, 최댓값: 57)

⑩ 비회원 대여
- 회원으로 등록되어 있지 않은 이용자가 당일 대여한 자전거의 수량을 나타내는 속성
  (최솟값: 0, 최댓값: 367)

⑪ 회원 대여
- 회원으로 등록된 이용자가 당일 대여한 자전거의 수량을 나타내는 속성 (최솟값: 0, 최댓값: 886)

⑫ 총 대여
- 당일 대여된 총 자전거의 수량을 나타내는 속성 (최솟값: 1, 최댓값: 977)

데이터셋 예시

1. 원 데이터(Raw Data)

CSV 파일 데이터의 경우 아래 그림과 같이 표와 같은 형태로 표현되어 있습니다. 이때, 각 열의(column) 경우 데이터의 속성(해당 데이터의 경우 시간, 계절, 휴일 등)을 나타내고 있으며, 각 행(row)의 경우 각 대상자에 대한 데이터를 나타내고 있습니다. 자전거 대여량 예측 데이터셋의 경우 총 10,886의 행과 12개의 열로 이루어져 있습니다.

시간	계절	휴일	평일	날씨	기온	체감 온도	습도	풍속	비회원 대여	회원 대여	총 대여
0	1	0	0	1	9.84	14.395	81	0	3	13	16
1	1	0	0	1	9.02	13.635	80	0	8	32	40
2	1	0	0	1	9.02	13.635	80	0	5	27	32
3	1	0	0	1	9.84	14.395	75	0	3	10	13
4	1	0	0	1	9.84	14.395	75	0	0	1	1
5	1	0	0	2	9.84	12.88	75	6.0032	0	1	1
6	1	0	0	1	9.02	13.635	80	0	2	0	2
7	1	0	0	1	8.2	12.88	86	0	1	2	3
8	1	0	0	1	9.84	14.395	75	0	1	7	8
9	1	0	0	1	13.12	17.425	76	0	8	6	14
10	1	0	0	1	15.58	19.695	76	16.9979	12	24	36
11	1	0	0	1	14.76	16.665	81	19.0012	26	30	56

[그림 1] 자전거 대여량 예측 원본 데이터 예시

2. 시각화 데이터

시각화 데이터의 경우 각 원본 데이터에서 각 열에 해당하는 데이터의 분포를 나타낸 것으로 다양한 속성에 대한 대상자의 분포에 대한 정보를 나타냅니다. 이는 엑셀을 통해서도 직접 확인해볼 수 있습니다.

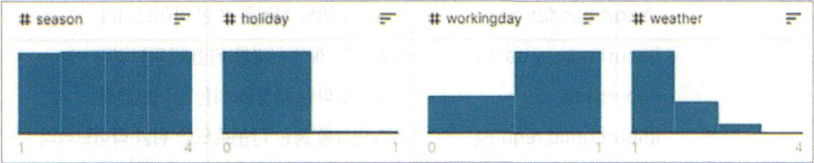

출처 : https://www.kaggle.com/c/bike-sharing-demand/data
[그림 2] 자전거 대여량 예측 데이터 시각화 예시

I. 수치/텍스트 데이터셋

데이터셋 활용

1 데이터셋을 구성하는 속성들의 전처리(정규화) 해보기

입력데이터에 있는 각 속성은 서로 다른 단위로 표현되는 데이터입니다. 따라서, 속성별로 정규화를 진행해주는 과정이 필요합니다. 입력데이터에 있는 각 속성에 대해서 요솟값들의 평균을 빼고 표준 편차로 나눕니다. 이를 통해, 데이터의 값들의 중앙이 0 근처에 맞추어지고 표준 편차가 1이 되도록 변환할 수 있습니다.

2 학습데이터, 테스트 데이터 분류하기

인공지능을 통해 학습한 회귀분석 모델을 정확성을 파악하기 위해서는 학습데이터와 테스트 데이터의 완전한 분류가 필요합니다. 이를 위해서 주어진 데이터셋을 다양한 비율로 분류해보자.
[7(학습):3(테스트), 8(학습):2(테스트)]

3 데이터셋을 구성하는 각 속성 간의 상관관계를 파악하기

Q1-1 해당일 날씨(입력)와 총대여(출력)에 대한 회귀분석 모델을 통해 대상자의 날씨와 총 대여가 상관관계를 가졌는지 알아보자.

Q1-2 두 속성 간의 상관관계가 있다면 어떠한 상관관계를 가졌는지 알아봅시다.

Q1-3 입력과 출력을 바꾸어서 상관관계를 파악해보자.

Q2-1 해당일의 체감온도(입력)와 회원 대여(출력)에 대한 회귀분석 모델을 통해 체감온도와 회원 대여가 상관관계를 가졌는지 알아보자.

Q2-2 두 속성 간의 상관관계가 있다면 어떠한 상관관계를 가졌는지 알아봅시다.

Q2-3 입력과 출력을 바꾸어서 상관관계를 파악해보자.

Q3-1 다른 특성(계절, 평일 여부 등)에 따른 총대여량의 분포 차이를 통해 각 특성이 총대여량에 미치는 영향에 대해서 알아보자.

데이터셋 코드

```
### 데이터 처리에 필요한 라이브러리를 선언하는 부분 ###
import pandas as pd        %% csv 파일 처리를 위한 라이브러리
import numpy as np         %% 숫자 계산 처리를 위한 라이브러리
import csv                 %% csv 파일 저장을 위한 라이브러리
import urllib.request      %% 링크를 통한 다운로드를 위한 라이브러리
##########################################
```

자전거 수요량 예측 데이터를 링크를 통해 내려받는 부분
print('Beginning file download with urllib2...')
url = '링크 주소'
urllib.request.urlretrieve(url, '파일 저장경로 및 파일 이름')

※ 다운로드 주소 선언
url = '링크 주소'부분에 원하는 링크의 주소를 입력하여 원하는 소스로부터 데이터를 내려받을 수 있습니다.
예시) url = 'https://drive.google.com/u/3/uc?id=1scy6yMRHaOLXjhRVbpD70zxk5n6SafSD&export=download'

※ 다운로드 파일 저장경로 선언
ex) './bike.csv'- 현재 폴더에 저장
####################################

내려받은 데이터를 읽어오는 부분
df = pd.read_csv('bike.csv', names= ['datetime', 'season', 'holiday', 'workingday', 'weather', 'temp', 'atemp', 'humidity', 'windspeed', 'casual', 'registered', 'count'], encoding = 'UTF-8')
####################################

데이터 변환하는 부분
for i in range(df.shape[0]-1):
    %% 날짜/시간 데이터를 시간에 대한 데이터로 변환해 주는 부분
    for j in range(24):
        before = '{0:02d}:00:00' .format(j)
        after = '{}' .format(j)
        if before in df['datetime'][i+1]:
            df['datetime'][i+1] = after

    %% 기온 데이터 반올림을 통한 정수 데이터로 변환
    temp = np.round(np.float(df['temp'][i+1]))
    df['temp'][i+1] = temp

    %% 체감온도 데이터 반올림을 통한 정수 데이터로 변환

I. 수치/텍스트 데이터셋

데이터셋 코드

```
    atemp = np.round(np.float(df['atemp'][i+1]))
    df['atemp'][i+1] = atemp

    %% 풍속 데이터 반올림을 통한 정수 데이터로 변환
    windspeed = np.round(np.float(df['windspeed'][i+1]))
    df['windspeed'][i+1] = windspeed


### 각 속성 명을 한글로 변환하여주는 부분 ###
df['datetime'][0] ='시간'
df['season'][0] ='계절'
df['holiday'][0] = '휴일'
df['workingday'][0] = '평일'
df['weather'][0] = '날씨'
df['temp'][0] = '기온'
df['atemp'][0] = '체감온도'
df['humidity'][0] = '습도'
df['windspeed'][0] = '풍속'
df['casual'][0] = '비회원 대여'
df['registered'][0] = '회원 대여'
df['count'][0] = '총 대여'
####################################



### 최종적으로 데이터 저장하는 부분 ###
df.to_csv("filename.csv", mode='w', index=False, header= False, encoding = 'CP949')

※ 저장경로 + 파일명 예시
"./home/project/bike/bike.csv"
"/bike.csv"


※ Encoding Type의 변화가 생긴 이유는? ('UTF-8'→ 'CP949')
윈도우 환경에서는 'CP949'을 통해 문자열이 인코딩됩니다. 따라서, 'UTF-8'타입으로 저장하면
윈도우에서 csv 파일을 읽어올 때, 한글 깨짐 현상이 발생하기 때문에, 인코딩 타입의 변환이
필요합니다.


f = open('filename.csv','r', encoding = 'CP949')
```

```
rdr = csv.reader(f)
f2 = open('bike.csv','w', newline='', encoding = 'CP949')

wr = csv.writer(f2)

for line in rdr:
    wr.writerow(line)

f.close()
f2.close()
```

※ 노코딩 플랫폼(예; KNIME)에서는 to_csv(pandas 라이브러리) 함수를 통해 저장했을 경우 데이터를 제대로 인식하지 못하여, write(csv 라이브러리) 함수를 통해 노코딩 플랫폼(예; KNIME) 호환 가능하도록 데이터를 저장하여 줍니다.

####################################

데이터셋 | 수치·텍스트 데이터셋

05 타이타닉 생존자 예측 데이터셋

타이타닉 생존자 예측 데이터셋은 총 8가지의 속성으로 구성된 데이터셋으로, 입장권이나 탑승자에 대한 7가지 속성 간의 상관관계 및 각 속성과 생존 여부 간의 상관관계를 유추해 볼 수 있습니다. 해당 데이터는 타이타닉이라는 흥미 요소와 더불어서 상대적으로 적은 속성의 개수와 데이터 포인트를 가지고 있어, 기계 학습의 입문 과정에서 많이 활용되는 데이터셋 중 하나 입니다.

난이도 ★
흥미도 ★★★
형태 CSV파일

데이터셋 명
- 타이타닉 생존자 예측 데이터셋

데이터 카테고리
- 수치/텍스트

데이터셋 목적
- 분류(Classification)

※ 분류와 회귀의 차이?
분류는 사전에 정의된 항목이 존재하고, 모델은 입력데이터를 바탕으로 미리 정의된 항목 중에 입력데이터가 속할 가능성이 가장 큰 항목을 예측하는 것입니다. 간단한 예시로, 동물의 사진을 보고 개인지 고양이인지 구분하는 것이 있습니다. 이는 두 개의 클래스(항목)를 가진 이진 분류(binary classification)라고 볼 수 있습니다. 이때 판단하고자 하는 항목이 많아지면 다중 분류(Multi-class classification)입니다. 이와 달리 회귀분석은 연속적인 숫자를 예측하는 것입니다. 앞선 예제처럼 다양한 속성을 통해 자전거 대여량, 성적 등을 예측하는 것이 그 예입니다. 즉, 분류와 회귀분석의 차이는 출력값의 연속성이라고 생각할 수 있습니다. 만약, 점수를 예측한다고 할 때는 예상 점수가 77점인지 77.5점 인지는 문제가 되지 않습니다. 이와 달리 분류 문제에서는 개도 아니고 고양이도 아닌 상태는 없습니다.

데이터셋 링크
- https://www.kaggle.com/c/titanic

| 05. 타이타닉 생존자 예측 데이터셋 |

데이터셋 특징

- 타이타닉 생존자 예측 데이터셋은 정숫값으로 표현된 승차권 등급, 성별, 나이, 탑승 가족(형제), 탑승 가족(부모, 자식), 입장권 요금, 승선 항구, 생존 여부 등을 포함한 총 8개의 속성으로 이루어져 있습니다. 총 8가지의 속성을 통해 각 속성 간의 상관관계 및 각 속성이 타이타닉 호에서의 생존 여부에 미치는 영향 등을 파악해 볼 수 있습니다. 총 434개의 데이터 포인트를 가지고 있습니다.

※ 원본 데이터와의 차이?
실제로 파일을 통해 추출된 데이터의 경우에는 학생들이 더욱 간단하고 손쉽게 다양한 예제들을 분석할 수 있도록 가공이 되어 있습니다. 타이타닉 생존자 예측 데이터셋의 원본 데이터의 경우에는 본 데이터에는 포함되어 있지 않은 날짜/시간, 이름 등을 포함한 총 10개의 속성으로 이루어져 있습니다. 위의 링크를 통해 원본 데이터셋에 접근하여, 임의로 추출된 속성 이외의 다른 속성 간의 상관관계에 대해서도 추가로 분석을 진행할 수 있습니다.

데이터셋 구성

① 입장권 등급
- 대상자가 소지하고 있는 승차권의 등급을 나타내는 속성.
 (1: 1등급, 2: 2등급, 3: 3등급)

② 성별
- 대상자의 성별을 나타내는 속성. (1: 남자, 0: 여자)

③ 나이
- 대상자의 나이를 나타내는 속성. (최솟값: 0, 최댓값: 81)

④ 탑승 가족(형제)
- 대상자의 가족 중 형제 혹은 자매에 해당하는 사람의 수를 나타내는 속성. (최솟값: 0, 최댓값: 5)

⑤ 탑승 가족(부모, 자식)
- 대상자의 가족 중 부모 혹은 자식에 해당하는 사람의 수를 나타내는 속성.
 (최솟값: 0, 최댓값: 6)

⑥ 입장권 요금
- 대상자가 지불한 탑승권의 금액을 나타내는 속성. (최솟값: 0, 최댓값: 614,000)

⑦ 승선 항구
- 대상자가 탑승한 항구를 나타내는 속성. (0: 사우스햄튼, 1: 셰르부르옥트빌, 2: 퀸즈타운)

⑧ 생존 여부
- 대상자의 생존 여부를 나타내는 속성. (1: 생존, 0: 사망)

1. 수치/텍스트 데이터셋

데이터셋 예시

1. 원 데이터(Raw Data)

CSV 파일 데이터의 경우 아래 그림과 같이 표와 같은 형태로 표현되어 있습니다. 이때, 각 열의(column) 경우 데이터의 속성(해당 데이터의 경우 나이, 성별 등)을 나타내고 있으며, 각 행(row)의 경우 각 대상자에 대한 데이터를 나타내고 있습니다. 타이타닉 생존자 예측 데이터셋의 경우 나이 데이터에 대한 결측치를 포함한 행을 제거한 총 714의 행에 대해서 8개의 열로 이루어져 있습니다.

티켓 등급	성별	나이	탑승 가족	탑승 가족	티켓 요금	승선 항구	생존 여부
3	1	22	1	0	8000	0	0
1	0	38	1	0	85000	1	1
3	0	26	0	0	9000	0	1
1	0	35	1	0	63000	0	1
3	1	35	0	0	9000	0	0
1	1	54	0	0	62000	0	0
3	1	2	3	1	25000	0	0

[그림 1] 타이타닉 생존자 예측 데이터셋 원본 데이터 예시

※ 결측치의 의미?
결측치(Missing Value)는 누락된 값, 비어 있는 값을 의미합니다. 결측치가 있으면 분석 결과가 왜곡될 수가 있어서. 따라서 결측치가 있는지 확인하고 제거하는 정제과정이 필요합니다. 따라서, 본 데이터에서는 8개의 요소 중 하나의 요소라도 결측치가 있으면 제거해 줍니다.

데이터셋 활용

1 학습데이터, 테스트 데이터 분류하기

인공지능을 통해 학습한 분류 모델의 정확성을 파악하기 위해서는 학습데이터와 테스트 데이터의 완전한 분류가 필요합니다. 이를 위해서 주어진 데이터셋을 다양한 비율로 분류해 봅시다.
[7(학습):3(테스트), 8(학습):2(테스트)]

2 데이터셋을 구성하는 속성을 바탕으로 생존 여부 분류해보기

Q1-1 탑승자의 나이(입력)를 바탕으로 생존 여부(출력)를 예측해보고, 결과를 바탕으로 탑승자의 나이를 바탕으로 생존 여부를 예측하는 것이 효과적인 방법인지 파악해보자.

Q1-2 다양한 속성들을 입력으로 주어 어떤 속성을 입력으로 주었을 때, 생존 여부 예측 결과가 가장 높은지 파악해보자.

Q2-1 탑승자의 입장권 등급(입력)을 바탕으로 생존 여부(출력)를 예측해보고, 결과를 바탕으로 탑승자의 나이를 바탕으로 생존 여부를 예측하는 것이 효과적인 방법인지 파악해보자.

Q2-2 다양한 속성들을 조합하여 입력으로 주어 어떤 속성들의 조합이, 생존 여부 예측 결과가 가장 높은지 파악해보자.

Q3-1 다양한 속성(입장권 등급, 나이 등)에 따른 생존 여부의 분포 차이를 통해 각 특성이 생존 여부에 미치는 영향에 대해서 알아보자.

아래 그림은 각 입장권 등급에 대한 생존자와 사망자의 수를 나타낸 그림입니다.

2. 시각화 데이터

시각화 데이터의 경우 각 원본 데이터에서 각 열에 해당하는 데이터의 분포를 나타낸 것으로 다양한 속성에 대한 대상자의 분포에 대한 정보를 나타냅니다. 이는 엑셀을 통해서도 직접 확인해볼 수 있습니다.

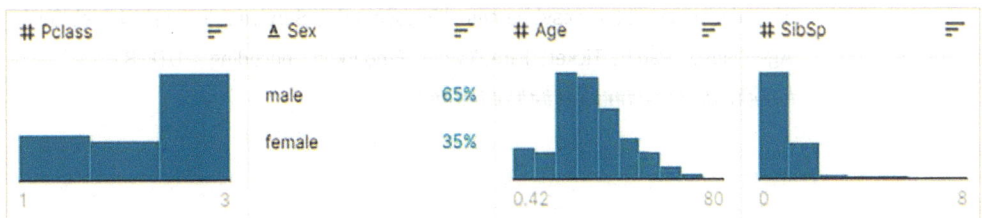

출처 : https://www.kaggle.com/c/titanic/data

[그림 2] 타이타닉 생존자 예측 데이터 시각화 예시

데이터셋 코드

데이터 처리에 필요한 라이브러리를 선언하는 부분
import pandas as pd   %% csv 파일 처리를 위한 라이브러리
import numpy as np   %% 숫자 계산 처리를 위한 라이브러리
import csv   %% csv 파일 저장을 위한 라이브러리
import urllib.request   %% 링크를 통한 다운로드를 위한 라이브러리
##

타이타닉 생존 예측 데이터를 내려받는 부분
print('Beginning file download with urllib2...')
url = '링크 주소'
urllib.request.urlretrieve(url, '파일 저장경로 및 파일 이름')

※ 다운로드 주소 선언
url = '링크 주소'부분에 원하는 링크의 주소를 입력하여 원하는 소스로부터 데이터를 내려받을 수 있습니다.
예시) url = 'https://blog.kakaocdn.net/dn/3rvGg/btqB3XNjWym/F0nUXZeecl8eozX-L2MMWn0/train.csv?attach=1&knm=tfile.csv'

I. 수치/텍스트 데이터셋

데이터셋 코드

※ 다운로드 파일 저장경로 선언
ex) './titanic.csv'- 현재 폴더에 저장
###

내려받은 데이터를 읽어오는 부분
df = pd.read_csv('titanic.csv', names= ['PassengerId', 'Survived', 'Pclass', 'Name', 'Sex', 'Age', 'Sibsp', 'Parch', 'Ticket', 'Fare', 'Cabin', 'Embarked'], encoding = 'UTF-8')
###############################

성별 및 승선 항구 표현을 변환하는 부분
df['Sex'][df['Sex'] == 'male'] = 1
df['Sex'][df['Sex'] == 'female'] = 0

df['Embarked'][df['Embarked'] == 'S'] = 0
df['Embarked'][df['Embarked'] == 'C'] = 1
df['Embarked'][df['Embarked'] == 'Q'] = 2

※ 숫자로 표현되는 다른 데이터와의 표현 통일성을 위해 텍스트로 표현된 데이터를 숫자 라벨로 임의 변환합니다.
##################################

사용하지 않은 속성들을 제거하는 부분
df = df.drop('PassengerId', axis=1)
df = df.drop('Name',axis=1)
df = df.drop('Ticket', axis=1)
df = df.drop('Cabin',axis=1)

※ 데이터 속성 제거
insurance = insurance.drop('속성명', axis=1)에서 속성명을 변경하면 해당하는 속성에 해당하는 행(column)을 제거할 수 있습니다.
###############################

소수점으로 표현되는 나이 반올림 및 입장권 요금 원 단위로 변환해 주는 부분
for i in range(df.shape[0]-1):
    if df['Age'].isna()[i+1] == False:

```
age = np.round(np.float(df['Age'][i+1]))
df['Age'][i+1] = age


dollar = np.float(df['Fare'][i+1])
won = str(np.round(dollar*1200) -np.round(dollar*1200)%1000)
df['Fare'][i+1] = won
```

※ 나이 데이터 변환
나이 데이터에 소수점을 가진 데이터를 제거해주기 위해서 np.round 함수를 통하여 반올림 연산을 적용해주었습니다.

※ 승차권 요금 데이터 변환 수식
$(달러) 당 환율 1,200원을 적용하여 ₩(원) 단위로 변환해 주었습니다. 또한, 입장권 요금이 천원 단위로 떨어지게 하려고 반올림 함수(np.round(dollar*120))와 1,000원으로 나눈 몫을 제거해주어 원 단위 버림을 위한 식을 구성하였습니다.
##

나이를 기준으로 결측치를 제거하는 부분
```
df = df.dropna(subset=['Age'])
```

※ 나이 데이터에서 값이 없는 결측치 등이 있으므로, 이를 제거해 줄 수 있는 dropna 함수를 사용하여 나이 데이터가 없는 열의 데이터를 제거해 줍니다.
##################################

데이터의 행의 순서를 재배치하는 부분
```
df = df.reindex(columns = ['Pclass', 'Sex', 'Age', 'Sibsp', 'Parch', 'Fare', 'Embarked', 'Survived'])
```

※ 원본 데이터에는 생존 여부가 데이터 구성에서 앞쪽에 위치하지만, 다른 데이터셋과의 통일성을 위하여, 맨 마지막에 위치하도록 재배치해줍니다.
##################################

각 속성 명을 한글로 변환해주는 부분
```
df['Survived'][0] = '생존 여부'
df['Pclass'][0] = '입장권 등급'
df['Sex'][0] = '성별'
```

I. 수치/텍스트 데이터셋

데이터셋 코드

df['Age'][0] = '나이'
df['Sibsp'][0] = '탑승 가족(형제)'
df['Parch'][0] = '탑승 가족(부모, 자식)'
df['Fare'][0] = '입장권 요금'
df['Embarked'][0] = '승선 항구'
####################################

최종적으로 데이터를 저장하는 부분
df.to_csv("filename.csv", mode='w', index=False, header= False, encoding = 'CP949')

※ 저장경로 + 파일명 예시
"./home/project/titanic/titanic.csv"
"/titanic.csv"

※ Encoding Type의 변화가 생긴 이유는? ('UTF-8'→ 'CP949')
윈도우 환경에서는 'CP949'을 통해 문자열이 인코딩됩니다. 따라서, 'UTF-8'타입으로 저장하면 윈도우에서 csv 파일을 읽어올 때, 한글 깨짐 현상이 발생하기 때문에, 인코딩 타입의 변환이 필요합니다.

f = open('filename.csv','r', encoding = 'CP949')
rdr = csv.reader(f)
f2 = open('titanic.csv','w', newline='', encoding = 'CP949')

wr = csv.writer(f2)

for line in rdr:
    wr.writerow(line)

f.close()
f2.close()

※ 노코딩 플랫폼(예; KNIME)에서는 to_csv(pandas 라이브러리) 함수를 통해 저장했을 경우 데이터를 제대로 인식하지 못하여, write(csv 라이브러리) 함수를 통해 노코딩 플랫폼(예; KNIME) 호환 가능하도록 데이터를 저장하여 줍니다.
####################################

데이터셋 | 수치·텍스트 데이터셋

06 스팸 SMS 분류 데이터셋

난이도 ★★
흥미도 ★★★
형태 CSV파일

스팸 SMS 분류 데이터셋은 이진 텍스트 분류를 목적으로 하는 데이터로 상대적으로 적은 데이터의 개수와 이진 텍스트 분류라는 상대적으로 쉬운 작업을 목적으로 하고 있어서, 입문 데이터셋으로 많이 활용되는 데이터셋입니다. 스팸 여부와 SMS 메시지 총 2가지의 속성으로 구성되어 있으며, 두 가지 속성 간의 상관관계를 통해 주어진 SMS 메시지의 스팸 여부를 판별해주는 신경망 설계에 활용해 볼 수 있습니다.

데이터셋 명
- 스팸 SMS 분류 데이터셋

데이터 카테고리
- 수치/텍스트

데이터셋 목적
- 분류(Classification)

※ 자연어 처리(Natural Language Processing)
자연어 처리는 실생활에서 사용되는 다양한 언어를 컴퓨터가 분석하고 처리할 수 있도록 가공해주는 것을 의미합니다. 스팸 SMS 분류 데이터와 같은 텍스트 분류 작업뿐 아니라 번역, 질의응답, 챗봇 시스템 등 실생활의 다양한 곳에서 활용되는 분야입니다.

데이터셋 링크

https://archive.ics.uci.edu/ml/datasets/sms+spam+collection

I . 수치/텍스트 데이터셋

데이터셋 특징

- 스팸 SMS 분류 데이터셋은 텍스트로 표현된 SMS 메시지와 해당 메시지의 스팸 여부를 나타내는 2개의 속성으로 이루어져 있습니다. 총 5,572개의 SMS 메시지에 대해 데이터가 구성되어 있으며, 이때 전체 데이터에서 87%의 데이터는 정상 메시지이며 13%만이 스팸 메시지로 구성되어 있습니다.

※ 텍스트 데이터에서 전처리 과정의 필요성

컴퓨터를 통해 데이터를 처리하는 데에는 수치로 이루어진 데이터가 텍스트 데이터보다 유리합니다. 따라서, 텍스트 데이터를 수치화해 주는 전처리 과정이 필요한데 이때 텍스트 데이터가 가지는 의미를 유지한 채 수치화해 주기 위해서 다양한 전처리 과정이 필요합니다. 기본적으로 많이 활용되는 전처리 과정으로는 토큰화, 정규화, 인코딩 등이 있습니다. 토큰화는 텍스트 데이터를 의미를 지니는 단위로 나누는 것을 의미합니다. 간단한 예로, '오늘 너 뭐 했어?'라는 문장을 토큰화할 때 [오늘, 너, 뭐, 했어, ?] 의 다섯 부분으로 분리되게 됩니다. 정규화는 각기 다른 꼴을 가지고 있는 같은 의미를 가진 단어들의 표현을 일치시켜 주는 것을 의미합니다. 예를 들면, '가다'와 같은 동사의 경우 '가면', '가서', '가다가' 등으로 다양하게 표현이 될 수 있는데 이를 '가다'라는 원형으로 표현해주는 것도 정규화의 한 예라고 볼 수 있습니다. 인코딩은 데이터를 수치로 변환해 주는 것을 의미하며 대표적으로 원-핫 인코딩 등이 있습니다. 이러한 과정을 통해 텍스트 데이터는 컴퓨터가 처리하기 편리하게 변환됩니다. 따라서, 텍스트 데이터 전처리는 더 나은 자연어 처리를 위해 필수적인 부분이고, 이를 위해서 다양한 연구가 진행되고 있습니다.

데이터셋 구성

- 스팸 SMS 분류 데이터셋은 스팸 여부와 SMS 내용에 대한 2가지 속성으로 이루어져 있습니다.

① 스팸 여부
- 해당 SMS의 스팸 여부를 나타내는 속성.
  (ham: 일반 SMS, spam: 스팸 SMS)

② SMS
- SMS 메시지에 해당하는 속성

Oh k...i'm watching here:)

| 06. 스팸 SMS 분류 데이터셋 |

데이터셋 예시

1. 원 데이터(Raw Data)

CSV 파일 데이터의 경우 아래 그림과 같이 표와 같은 형태로 표현되어 있습니다. 이때, 각 열(column) 경우 데이터의 속성(해당 데이터의 경우 스팸 여부, SMS 데이터)을 나타내고 있으며, 각 행(row)의 경우 데이터를 나타내고 있습니다. 스팸 SMS 분류 데이터셋의 경우 나이 전체 5,572개의 데이터에서 중복 치를 제거한 5,169개의 데이터만을 추출하였습니다.

[그림 1] 스팸 SMS 분류 데이터셋 예시

2. 전처리 데이터

텍스트 데이터는 수치, 이미지 데이터들과 달리 데이터 하나의 값들이 숫자가 아닌 글자의 형태로 표현되어 있습니다. 이를 신경망에서 다루기 위해서 숫자로 이루어진 데이터로 변형하기 위해서는 토큰화와 같은 전처리 과정이 필요합니다. 아래 그림은 전처리를 통해 [그림1]의 텍스트 데이터를 숫자 100개의 숫자로 이루어진 숫자 데이터로 변형한 결과를 나타냅니다.

	0	1	2	3	4	5	6	7	8 ~	95	96	97	98	99	100
0	0	0	0	0	0	0	0	0		1204	68	57	4014	137	ham
1	0	0	0	0	0	0	0	0		306	1364	435	6	1767	ham
2	0	0	0	0	0	0	0	0		436	185	707	437	4015	spam
3	0	0	0	0	0	0	0	0		6	138	145	56	152	ham
4	0	0	0	0	0	0	0	0		69	1768	198	105	438	ham
5	0	0	0	0	0	0	0	0		71	349	258	2	2719	spam
6	0	0	0	0	0	0	0	0		663	10	55	4017	4018	ham
7	0	0	0	0	0	0	0	0		2	1366	13	282	1770	ham
8	0	0	0	0	0	0	0	0		4026	521	937	605	64	spam
9	0	0	0	0	0	0	0	0		538	274	53	19	4027	spam
10	0	0	0	0	0	0	0	0		87	186	4028	439	88	ham
11	0	0	0	0	0	0	0	0		437	92	2106	44	782	spam
12	0	0	0	0	0	0	0	0		4035	539	4036	879	4037	spam
13	0	0	0	0	0	0	0	0		4	2723	27	51	470	ham
14	0	0	0	0	0	0	0	0		587	19	938	36	33	ham
15	0	0	0	0	0	0	0	0		939	2724	211	94	4041	spam
16	0	0	0	0	0	0	0	0		116	87	29	372	105	ham

[그림 2] 전처리 과정이 완료된 스팸 SMS 분류 데이터셋 예시

Ⅰ. 수치/텍스트 데이터셋

데이터셋 활용

인공지능과 미래사회 p.236

1 텍스트 데이터 전처리 과정 이해하기

텍스트 데이터는 앞서 다뤄보았던 수치 데이터와 달리 텍스트를 바탕으로 데이터가 구성되어 있습니다. 따라서, 인공지능을 통해 텍스트 데이터를 활용하기 위해서는 인공지능 신경망에 입력할 수 있는 데이터 형태로 데이터를 처리해 주어야 합니다. 이러한 필요성과 방법을 알기 위해 교과서 내용을 바탕으로 필요한 내용을 학습하고 원본 spam.csv 파일을 바탕으로 원-핫 인코딩을 실습해봅시다.

※ 원-핫 인코딩?
원-핫 인코딩 방식은 표현하고자 하는 모든 단어를 1과 0으로 조합된 숫자를 통해 표현합니다. 예를 들어, [만화책, 소설책, 화장실] 세 가지 단어를 표현하고자 할 때, 원-핫 인코딩 방식은 각 단어를 [1, 0 ,0], [0, 1, 0], [0, 0, 1]로 표현합니다.
원-핫 인코딩은 활용에 있어서 두 가지 한계점을 가지고 있습니다. 첫째는 전체 데이터에서 표현하고자 하는 토큰(단어)의 개수가 증가할수록 필요한 벡터의 차원이 함께 증가합니다. 즉, 데이터가 많아질수록 같은 단어를 표현하기 위해서 많은 공간이 필요합니다. 또, 다른 단점은 각 단어 간의 유사도가 표현되지 않는다는 점입니다. 만화책과 소설책은 서로 연관이 있는 단어지만 수치로 표현된 데이터에서는 만화책과 소설책 만화책과 화장실 모두 같은 크기의 차이를 지니고 있습니다.

2 순환 신경망으로 텍스트 데이터 분류해보기

인공지능과 미래사회 p.240

순환 신경망은 데이터 간의 관계나 순서가 중요한 순서 데이터를 처리하는 데 활용되는 신경망의 구조로 주로 자연어 처리나 시간에 따라 변화하는 시계열 신호 등을 처리하는 데 사용됩니다. 교과서 내용을 바탕으로 순환 신경망의 원리에 대해 이해하고, 이러한 내용을 바탕으로 앞서 전처리한 스팸 SMS 분류 데이터셋을 활용하여 SMS가 스팸인지 알려줄 수 있는 모델을 설계해 봅시다.

데이터셋 코드

```
### 데이터 처리에 필요한 라이브러리를 선언하는 부분 ###
import numpy as np
import pandas as pd
import matplotlib.pyplot as plt
import urllib.request
from tensorflow.keras.preprocessing.text import Tokenizer
from tensorflow.keras.preprocessing.sequence import pad_sequences
###########################################


### 스팸 SMS 분류 데이터를 내려받는 부분 ###
urllib.request.urlretrieve('링크 주소', filename='다운로드 경로')

※ 다운로드 주소 선언
```

046

url = '링크 주소' 부분에 원하는 링크의 주소를 입력하여 원하는 소스로부터 데이터를 내려받을 수 있습니다.
예시) url = '<u>https://raw.githubusercontent.com/mohitgupta-omg/Kaggle-SMS-Spam-Collection-Dataset-/master/spam.csv</u>'
※ 다운로드 파일 저장경로 선언
ex) './spam.csv'- 현재 폴더에 저장
##

내려받은 데이터를 읽어오는 부분
df = pd.read_csv('spam.csv',encoding='latin1')
###############################
중복되는 데이터들을 제거하는 부분
df.drop_duplicates(subset=['v2'], inplace=True)
###############################

sms_txts = df['v2']
labels = df['v1']

텍스트 데이터 수치형으로 변환하는 부분
tokenizer = Tokenizer()
tokenizer.fit_on_texts(sms_txts)
sequences = tokenizer.texts_to_sequences(sms_txts)
word_to_index = tokenizer.word_index

n_of_train = int(len(sequences) * 0.8)
n_of_test = int(len(sequences) - n_of_train)

sms_txts = sequences
max_len = 100
df = pad_sequences(sms_txts, maxlen = max_len)

※ 텍스트 데이터 수치화 방법
각 토큰에 인덱스를 부여하여 텍스트 데이터를 수치화해 주었습니다. 이러한 방법은 원-핫 인코딩과 달리 단어의 개수가 늘어나도 필요한 공간의 크기가 커지지는 않습니다. 그러나, 원-핫 인코딩 방법과 비슷하게 각 단어 간의 유사도를 표현하지 못한다는 단점은 여전히 존재합니다.

I. 수치/텍스트 데이터셋

데이터셋 코드

※ 패딩 작업의 필요성(pad_sequences)
스팸 SMS 분류 데이터셋 안에 존재하는 각 SMS의 경우 각기 다른 길이를 가지고 있습니다. 하지만 동시에 여러 SMS를 처리하기 위해서는 각 SMS가 모두 같은 길이를 가져야 합니다. pad_sequences는 이러한 역할을 합니다. 즉, 어떠한 길이의 데이터라도 정해진 길이로 변환하여줍니다. 이때, 아무 의미가 있지 않은 0을 데이터에 추가하여 줍니다.
아래의 예시는 max_len 이 3일 때, 세 가지 입력에 대한 각각의 결괏값을 나타내 줍니다. 즉 max_len은 데이터 내에 존재하는 최대의 문장의 길이로 지정하면 효과적입니다.
예시)
1. [23, 4, 5] --> [23, 4, 5]
2. [2, 3] --> [2, 3, 0]
3. [5] --> [5, 0, 0]
####################################

학습/테스트 데이터 나누는 부분
sms_train = df[:n_of_train]
label_train = np.array(labels[:n_of_train])
sms_test = df[n_of_train:]
label_test = np.array(labels[n_of_train:])
##############################

데이터와 라벨 병합하는 부분
trains = np.hstack((sms_train, np.transpose(label_train.reshape((1,-1)))))
tests = np.hstack((sms_test, np.transpose(label_test.reshape((1,-1)))))
##########################

가공된 학습/테스트 데이터 저장하는 부분
df_train = pd.DataFrame(trains)
df_test = pd.DataFrame(tests)

df_train.to_csv("spam_train.csv")
df_test.to_csv("spam_test.csv")
####################################

데이터셋 | 수치·텍스트 데이터셋

07 한국어 혐오 분류 데이터셋

한국어 혐오 분류 데이터셋은 주어진 문장에 대해 혐오 표현을 나타내는지에 대한 여부를 분류하는 것을 목적으로 하는 데이터로 전체 2,000개의 문장으로 이루어져 있습니다. 혐오 발언 여부와 메시지 총 2가지의 속성으로 구성되어 있으며, 두 가지 속성 간의 상관관계를 통해 주어진 메시지가 혐오 발언을 포함하고 있는지 분류해 볼 수 있습니다. 상대적으로 적은 데이터의 개수와 이진 텍스트 분류라는 상대적으로 쉬운 작업을 목적으로 하고 있어서, 입문 데이터셋으로 많이 활용되는 데이터셋입니다.

- 난이도 ★★★
- 흥미도 ★★★
- 형태 CSV파일

데이터셋 명
- 한국어 혐오 분류 데이터셋

데이터 카테고리
- 수치/텍스트

데이터셋 목적
- 분류(Classification)

데이터셋 링크
- https://www.kaggle.com/captainnemo9292/korean-extremist-website-womad-hate-speech-data

데이터셋 목적
- 한국어 혐오 분류 데이터셋은 한국어로 이루어진 문장과 해당 문장이 혐오 발언을 포함하고 있는지를 나타내는 2개의 속성으로 이루어져 있습니다. 총 2,000개의 문장에 대해 데이터가 구성되어 있으며, 이때 전체 데이터는 50%의 혐오 발언 문장과 50%의 일반 문장으로 구성되어 있습니다.

Ⅰ. 수치/텍스트 데이터셋

※ **한국어 자연어 처리 과정의 어려움**
어순에 따라 단어의 기능이나 뜻이 정해지는 영어와 달리 한국어는 단어에 붙는 다양한 접사를 통해 단어의 기능과 뜻이 정해집니다. 예를 들면, '언어'라는 같은 단어라고 해도 '-가'가 접사로 붙으면 주어의 주어가 되기도 하고 '-를'이 접사로 붙어 목적어가 되기도 합니다. 또한, 일관적이지 않은 띄어쓰기의 존재 또한 컴퓨터가 한국어를 이해하는 데 어려움을 겪게 합니다. 추가로, 대부분은 주어가 생략되는 경우가 많은 점과 평서문과 의문문의 차이가 억양과 전체적인 대화의 분위기 등의 외부정보 없이 구별하기 힘든 점도 한국어 자연어 처리에 어려움을 주는 속성입니다.
ex) 밥 먹었어 / 밥 먹었어?

데이터셋 구성

- 한국어 혐오 분류 데이터셋은 혐오 발언의 여부와 한국어 문장 2가지 속성으로 이루어져 있습니다.

① 혐오 발언 여부
- 해당 한국어 문장의 혐오 발언 여부를 나타내는 속성 (0: 일반, 1: 혐오 발언)

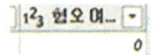

② 한국어 문장
- 한국어로 나타내진 문장에 대한 속성

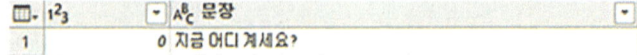

데이터셋 활용

인공지능과 미래사회 p.236

1 텍스트 데이터 전처리 과정 이해하기

텍스트 데이터는 앞서 다뤄보았던 수치 데이터와 달리 텍스트를 바탕으로 데이터가 구성되어 있습니다. 따라서, 인공지능을 통해 텍스트 데이터를 활용하기 위해서는 인공지능 신경망에 입력할 수 있는 데이터 형태로 데이터를 처리해 주어야 합니다. 이러한 필요성과 방법을 알기 위해 교과서 내용을 바탕으로 텍스트 데이터 전처리 내용에 대해 학습하고 전처리 과정을 실습하여 봅시다.

2 한국어 혐오 분류를 위한 신경망 모델 설계하기

교과서 내용을 바탕으로 신경망 모델의 원리에 대해 이해하고, 이러한 내용을 바탕으로 앞서 전처리한 한국어 혐오 분류 데이터셋을 활용하여 문장 안에 혐오 표현이 있는지 알려줄 수 있는 모델을 설계해 봅시다.

3 학습데이터 추가하기

주어진 파일에 여러 가지 데이터를 직접 추가하여 보고 이를 바탕으로 앞서 설계한 신경망 모델을 새로 학습하여 모델 성능의 변화를 살펴봅시다. 이때, 일부러 엉터리 데이터를 포함하여 인공지능에서 데이터의 중요성을 이해하고 그 한계에 대해 생각해 봅시다.

데이터셋 예시

1. 원 데이터(Raw Data)

CSV 파일 데이터의 경우 아래 그림과 같이 표와 같은 형태로 표현되어 있습니다. 이때, 각 열(column) 경우 데이터의 속성(해당 데이터의 경우 한국어 문장과 해당 문장의 혐오 발언 여부)을 나타내고 있으며, 각 행(row)의 경우 하나하나의 데이터를 나타내고 있습니다. 한국어 혐오 분류 데이터셋의 경우 전체 2,000개의 데이터로 구성되어 있습니다.

[그림 1] 한국어 혐오 분류 데이터셋 예시

2. 전처리 데이터

텍스트 데이터는 수치, 이미지 데이터들과 달리 데이터 하나의 값들이 숫자가 아닌 글자의 형태로 표현되어 있습니다. 이를 신경망에서 다루기 위해서 숫자로 이루어진 데이터로 변형하기 위해서는 토큰화와 같은 전처리 과정이 필요합니다. 아래 그림은 전처리를 통해 [그림1]의 텍스트 데이터를 숫자 100개의 숫자로 이루어진 숫자 데이터로 변형한 결과를 나타냅니다.

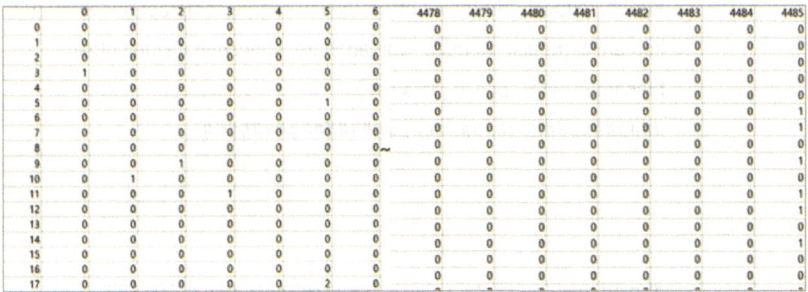

[그림 2] 전처리 과정이 완료된 한국어 혐오 분류 데이터셋 예시

데이터셋 코드

데이터 처리에 필요한 라이브러리를 선언하는 부분
```python
import pandas as pd
import csv
import numpy as np
import urllib. request
import nltk
from konlpy.tag import Okt
################################
```

토큰화 함수 선언하는 부분
```python
def tokenize(doc):
    temp=[]
    for t in okt.pos(doc, norm = True, stem = True):
        if t[1] != 'Josa' and t[1] != 'Punctuation':
            temp.append('/'.join(t))
    return temp
###########################
```

벡터의 수치화에 필요한 BoW 함수 선언하는 부분
```python
def bag_of_words(doc):
    return [doc.count(word) for word in selected_words]
########################################
```

한국어 혐오 분류 데이터를 내려받는 부분
```python
#urllib. request.urlretrieve('https://www.kaggle.com/captainnemo9292/
korean-extremist-website-womad-hate-speech-data/download',
filename='hate_speech_data.csv')
######################################
```

데이터 읽어오는 부분
```python
df = pd.read_csv('hate_speech_data.csv', encoding = 'UTF-8')
######################
```

| 07. 한국어 혐오 분류 데이터셋 |

```
### 불필요한 열 제거하는 부분 ###
df.drop('Unnamed: 0', axis =1)
###########################


okt = Okt()
```

※ Okt : 한국어 처리 패키지인 KoNLPy내의 클래스로 명사나 형태소를 추출하고 품사를 부착하는 방법을 가지고 있습니다.

```
txts = df['문장']
labels = df['혐오 여부']


### 문장을 품사 단위로 토큰화하고 전체 데이터의 토큰을 수집 ###
tokenize_txts = [tokenize(sentence) for sentence in txts]
tokens = [t for d in tokenize_txts for t in d]
text = nltk.Text(tokens, name='NMSC')
selected_words = [f[0] for f in text.vocab().most_common(4885)]
```

※ most_common(4885) 의 의미
전체 데이터에서 가장 많이 등장하는 4885의 토큰을 선정하고 그를 바탕으로 문장 데이터를 수치화를 진행하도록 선언하였습니다. 한국어 혐오 분류 데이터셋 같은 경우에는 전체 데이터에 등장하는 토큰이 4,885개입니다. 그중에서도, 임의로 지정된 개수의 토큰만을 사용하고 싶다면 해당 숫자를 300과 같은 숫자로 변경하면 전체 문장은 300개 속성을 가진 벡터로 표현됩니다.
###############################

```
### 토큰을 바탕으로 문장을 수치화하는 부분###
vectorized_txts = [bag_of_words(d) for d in tokenize_txts]
vectorized_txts = np.asarray(vectorized_txts)
labels = np.asarray(labels)
```

※ Bag of words를 통한 수치화와 tokenize 함수에 대한 이해
Bag of words는 문장 내에서 토큰들의 출현 빈도들을 바탕으로 텍스트 데이터를 수치화하는 방법입니다. 즉, 출현 빈도를 바탕으로 하므로 토큰(단어)들의 등장 순서에는 영향을 받지 않습니다. 이때, 토큰의 빈도수를 통해 문장을 수치화하겠다는 것은 문장 내에 존재하는 단어들의 의미를 통해 문장 전체의 의미를 파악하겠다는 것입니다. 따라서, 은/는/이/가 와 같은 의미 없는 단어(불용어)

I. 수치/텍스트 데이터셋

데이터셋 코드

및 문장부호 등을 제거해주는 것이 필요합니다. 따라서, tokenize 함수는 각 문장에서 품사 단위의 토큰을 추출할 때 조사와 문장부호 등을 제거하여 토큰을 추출해주도록 작성되었습니다.
####################################

학습/테스트 데이터 분류하는 부분
train_txts = vectorized_txts[:1600]
test_txts = vectorized_txts[1600:]

train_labels = labels[:1600]
test_labels = labels[1600:]
##############################

데이터와 라벨 병합하는 부분
trains = np.hstack((train_txts, np.transpose(train_labels.reshape((1,-1)))))
tests = np.hstack((test_txts, np.transpose(test_labels.reshape((1,-1)))))
##########################

가공된 학습/테스트 데이터 저장하는 부분
df_train = pd.DataFrame(trains)
df_test = pd.DataFrame(tests)

df_train.to_csv("hate_train.csv")
df_test.to_csv("hate_test.csv")

※ 저장경로 + 파일명 예시
"./home/project/hate/hate.csv"
"/hate_train.csv"
##########################

데이터셋 | 수치·텍스트 데이터셋

08 네이버 영화 리뷰데이터(NSMC)

- 난이도 ★★★
- 흥미도 ★★★★
- 형 태 TXT파일

네이버 영화리뷰 데이터셋은 네티즌들의 영화 리뷰들을 수집하여 긍정 또는 부정적인 반응으로 분류한 데이터셋입니다. 총 3가지의 속성으로 구성된 데이터셋으로, id는 리뷰의 고유한 key 값을, document는 리뷰의 내용을, label은 해당 리뷰가 긍정(0)인지 부정(1)인지를 나타냅니다. 해당 데이터는 한글 리뷰 텍스트의 긍/부정의 감정을 분석하기 때문에 영화리뷰뿐만 아니라 기업의 시장 분석 등에서 폭넓게 활용될 수 있습니다.

※ 전처리 과정에 많은 시간이 필요합니다.

데이터셋 명
- 네이버 영화리뷰 데이터 (Naver Sentiment Movie Corpus, NSMC)

데이터 카테고리
- 수치/텍스트

데이터셋 목적
- 이진 분류 (Binary Classification)

※ 이진 분류란?
이진 분류는 각 데이터가 사전에 정의된 두 개의 항목 중 하나에 포함되고, 모델은 입력데이터를 바탕으로 미리 정의된 항목 중에 입력데이터가 속할 가능성이 가장 큰 항목을 예측하는 것입니다. 영화리뷰 데이터를 예를 들면, 입력된 텍스트가 긍정 또는 부정 중 어떠한 태도에 가장 가까운지 구분하는 것입니다.

데이터셋 링크
- https://github.com/e9t/nsmc.git

Ⅰ. 수치/텍스트 데이터셋

데이터셋 구성

- 네이버 영화리뷰 데이터셋은 데이터 별로 정숫값으로 나타내지는 id, 문자열로 구성된 리뷰인 document, 그 리뷰를 긍정 또는 부정으로 분류한 0 또는 1의 label로 이루어져 있습니다. 여기서 특히 document와 label을 이용하여 네트워크가 텍스트로 이루어진 입력데이터를 받아서 긍정 또는 부정적인 소비자의 반응을 예측할 수 있으며, 150,000개의 train 데이터와 50,000개의 test 데이터를 가지고 있습니다.

데이터셋 구성

① id
- 해당 리뷰의 고유 킷값 (예. 9976970)

② document
- 분석하게 될 텍스트 리뷰 (예. '청춘 영화의 최고봉.방황과 우울했던 날들의 자화상')

③ label
- 해당 리뷰의 긍정 또는 부정 여부 (부정: 0, 긍정: 1)

데이터셋 예시

1. 원 데이터(Raw Data)

해당 디렉토리 내의 train, test 텍스트 파일을 불러오게 되면 아래의 그림과 같이 표의 형태로 표현되어 있습니다.

이때, 각 행(row)은 리뷰의 인덱스를 나타내고, 열(column)은 (해당 데이터의 경우 id, document, label)를 나타내고 있습니다. 네이버 영화리뷰 데이터셋의 경우 150,000개(행)의 train 데이터와 50,000개(행)의 test 데이터를 가지고 있습니다.

	id	document	label
0	9976970	아 더빙.. 진짜 짜증나네요 목소리	0
1	3819312	흠...포스터보고 초딩영화줄....오버연기조차 가볍지 않구나	1
2	10265843	너무재밓었다그래서보는것을추천한다	0
3	9045019	교도소 이야기구먼 ..솔직히 재미는 없다..평점 조정	0
4	6483659	사이몬페그의 익살스런 연기가 돋보였던 영화!스파이더맨에서 늙어보이기만 했던 커스틴 ...	1
...	...		
149995	6222902	인간이 문제지.. 소는 뭔죄인가..	0
149996	8549745	평점이 너무 낮아서...	1
149997	9311800	이게 뭐요? 한국인은 거들먹거리고 필리핀 혼혈은 착하다?	0
149998	2376369	청춘 영화의 최고봉.방황과 우울했던 날들의 자화상	1
149999	9619869	한국 영화 최초로 수간하는 내용이 담긴 영화	0

150000 rows × 3 columns

1 한글 텍스트 데이터셋 전처리(정규화)하기

네이버 영화리뷰 데이터셋은 대부분 한글로 이루어져 있는 텍스트 문자열입니다. 이를 네트워크에 입력데이터로 넣기 위해서는 숫자로 변환하는 전처리 작업이 필요합니다. 전처리는 글자 또는 단어 단위로 문장을 나눈 후 이를 숫자로 치환해야 합니다. 이러한 작업을 토크나이즈(tokenize)라고 합니다. 영문 텍스트의 토크나이즈와 다른 점은 한글의 경우 단어가 단순히 띄어쓰기로 단어가 구분되는 것이 아니기 때문에 조사나 형식 형태소들을 분리하는 작업이 수반되어야 합니다. 우리는 한국어 처리 패키지인 KoNLPy를 이용하여 이러한 과제들을 진행할 수 있습니다.

Q1-1 토큰을 글자 단위로 처리했을 때 네트워크의 성능과 실행시간을 구해보자.

Q1-2 토큰을 단어 단위로 처리했을 때 네트워크의 성능과 실행시간을 구해보자.

2 텍스트의 감정 분류하기

영화리뷰 텍스트를 입력으로 넣었을 때의 해당 입력텍스트가 긍정적인 감정과 부정적인 감정 중 어떤 감정을 표현하는지 예측하는 모델을 만들어보자.

Q2-1 토큰을 단어 단위로 처리했을 때, 어휘의 개수(vocab_size)를 바꿔보고 그 결과에 대해 논의해보자.

Q2-2 두 가지 감정을 분류하는 문턱값을 변화시키고 그 결과에 대해 논의해보자.

```
######### 데이터 전처리에 필요한 라이브러리 설치 #########
!pip install transformers
!pip install konlpy
################################################


######### 데이터 전처리에 필요한 라이브러리 선언 #########
import torch

from transformers import BertTokenizer
from transformers import BertForSequenceClassification, AdamW, BertConfig
from transformers import get_linear_schedule_with_warmup
from torch.utils.data import TensorDataset, DataLoader, RandomSampler, SequentialSampler
from keras.preprocessing.sequence import pad_sequences
from sklearn.model_selection import train_test_split
```

Ⅰ. 수치/텍스트 데이터셋

데이터셋 코드

```
import urllib.request
import nltk
from konlpy.tag import Okt

import pandas as pd
import numpy as np
import os
#################################################

######## 네이버 영화 리뷰데이터 다운로드 ########
!git clone https://github.com/e9t/nsmc.git
########################################

### 다운로드한 데이터를 읽어오는 부분 ###
- 해당 디렉토리 내의 train, test 텍스트 파일을 불러옵니다. 불러온 데이터들을 읽어봅시다.
train = pd.read_csv("nsmc/ratings_train.txt", sep='')
test = pd.read_csv("nsmc/ratings_test.txt", sep='')
###############################

### 토큰화 함수 선언하는 부분 ###
def tokenize(doc):
  temp=[]
  for t in okt.pos(doc, norm = True, stem = True):
    if t[1] != 'Josa' and t[1] != 'Punctuation':
      temp.append('/'.join(t))
  return temp
#########################

### 벡터의 수치화에 필요한 BoW 함수 선언하는 부분 ###
def bag_of_words(doc):
  return [doc.count(word) for word in selected_words]
```

※ Bag of words(BoW)?
Bag of words는 문장 내에서 토큰들의 출현 빈도들을 바탕으로 텍스트 데이터를 수치화하는 방법입니다. 즉, 출현 빈도를 바탕으로 하므로 토큰(단어)들의 등장 순서에는 영향을 받지 않습니다.
##

문장별 전처리
- train 데이터를 예시로 들면, 150,000개의 리뷰들을 리스트로 변환합니다.
train_comments = [str(s) for s in train.document]
train_labels = [int(g) for g in train.label]
##################

문장을 품사 단위로 토큰화하고 전체 데이터의 토큰을 수집
okt = Okt()

※ Okt : 한국어 처리 패키지인 KoNLPy내의 클래스로 명사나 형태소를 추출하고 품사를 부착하는 메소드를 가지고 있습니다.

vocab_size = 5000
※ vocab_size : 해당 데이터를 표현하기 위한 적절한 단어들의 크기를 나타냅니다. 표현의 다양성을 위해서는 큰 vocab_size가 유리하지만 처리하는데 매우 많은 시간이 소요될 수 있습니다. 데이터에 나타나는 단어의 숫자가 5,000보다 클 때는 많이 등장하는 5,000개의 단어로만 표현됩니다.

tokenize_comments = [tokenize(comment) for comment in train_comments] # 150,000개
tokens = [t for d in tokenize_comments for t in d]
text = nltk.Text(tokens, name='NMSC')
selected_words = [f[0] for f in text.vocab().most_common(vocab_size)]

- tokenize_comments를 구성하는 과정에서 150,000개의 데이터에 일일이 tokenize 함수를 적용하므로 시간이 꽤 소요됩니다.

※ most_common(N) 의 의미
전체 데이터에서 가장 많이 등장하는 단어 및 형태소를 바탕으로 N개의 토큰을 선정하고 그를 바탕으로 문장 데이터를 수치화를 진행하도록 선언하였습니다. 네이버 영화 리뷰데이터의 train 데이터셋의 경우 총 데이터의 개수가 150,000개이므로 전체 데이터에 등장하는 토큰의 개수는 534,534개에 육박합니다. 이를 모두 사용하기 위해서는 시간적으로, 메모리에서도 낭비이기 때문에 그중에서 임의로 지정된 개수의 토큰만을 사용하고 싶다면 해당 숫자를 적당한 숫자로 변경하면 전체 문장은 간소화된 벡터로 표현이 됩니다.
##

데이터셋 코드

토큰을 바탕으로 문장을 수치화하는 부분
train_comments = [bag_of_words(d) for d in tokenize_comments]
train_comments = np.asarray(train_comments)
train_labels = np.asarray(train_labels)

※ Bag of words를 통한 수치화와 tokenize 함수에 대한 이해
Bag of words는 문장 내에서 토큰들의 출현 빈도들을 바탕으로 텍스트 데이터를 수치화하는 방법입니다. 즉, 출현 빈도를 바탕으로 하므로 토큰(단어)들의 등장 순서에는 영향을 받지 않습니다. 이때, 토큰의 빈도수를 통해 문장을 수치화하겠다는 것은 문장 내에 존재하는 단어들의 의미를 통해 문장 전체의 의미를 파악하겠다는 것입니다. 따라서, 은/는/이/가 와 같은 의미 없는 단어(불용어) 및 문장부호 등을 제거해주는 것이 필요합니다. 따라서, tokenize 함수는 각 문장에서 품사 단위의 토큰을 추출할 때 조사와 문장부호 등을 제거하여 토큰을 추출해주도록 작성되었습니다.
##

데이터와 라벨을 병합하는 부분
trains = np.hstack((train_comments, np.transpose(train_labels.reshape((1,-1)))))
# 50000×(5000+1)
- 150,000×(vocab_size + 1) 크기의 배열로 표현됩니다. 다시 말해, 150,000개의 데이터마다 선정한 어휘들의 사용 여부와 라벨에 대한 정보가 포함됩니다.
##############################

최종적으로 데이터 저장하는 부분
※ 데이터를 저장하고 싶은 경로 생성
df_train = pd.DataFrame(trains)
train_dir = '/content/train'
if not os.path.exists(train_dir):
    os.mkdir(train_dir)

df_train.to_csv(train_dir + "/movie_review_train.csv")

##

- test 셋도 같은 방법으로 전처리에서 데이터 저장까지 진행할 수 있습니다.

데이터셋 | 수치·텍스트 데이터셋

09 한국어 의도 분류 데이터셋

난이도 ★★★★
흥미도 ★★★
형 태 TXT파일

한국어 의도 분류 데이터셋은 주어진 문장이 가지고 있는 의도를 분류하는 것을 목적으로 하는 데이터로 전체 2,000개의 문장으로 이루어져 있습니다. 한국어 문장과 해당 문장의 의도를 나타내는 라벨 총 2가지의 속성으로 구성되어 있습니다. 50,000건 이상의 많은 데이터를 포함하고 있으며, 7개의 분류를 가지는 다중 분류에 대한 데이터라는 점 그리고 한국어 데이터가 가지고 있는 특유의 자연어 처리에서의 어려움 때문에 앞서 제시된 데이터셋들과 비교했을 때 상대적으로 높은 난이도를 가지고 있는 데이터셋입니다.

※ 전처리 과정에 많은 시간이 필요합니다.

데이터셋 명
- 한국어 의도 분류 데이터셋

데이터 카테고리
- 수치/텍스트

데이터셋 목적
- 분류(Classification)

데이터셋 링크
- https://github.com/warnikchow/3i4k

데이터셋 특징
- 한국어 의도 분류 데이터셋은 한국어로 이루어진 문장과 0~6까지의 숫자로 표현되는 문장의 의도를 나타내는 속성으로 이루어져 있습니다. 총 55,134개의 문장에 대해 데이터가 구성되어 있습니다.

Ⅰ. 수치/텍스트 데이터셋

※ **한국어 자연어 처리 과정의 어려움**
어순에 따라 단어의 기능이나 뜻이 정해지는 영어와 달리 한국어는 단어에 붙는 다양한 접사를 통해 단어의 기능과 뜻이 정해집니다. 예를 들면, '언어'라는 같은 단어라고 해도 '-가'가 접사로 붙으면 주어가 되기도 하고 '-를'이 접사로 붙어 목적어가 되기도 합니다. 또한, 일관적이지 않은 띄어쓰기의 존재 또한 컴퓨터가 한국어를 이해하는 데 어려움을 겪게 합니다. 추가로, 대부분은 주어가 생략되는 경우가 많은 점과 평서문과 의문문의 차이가 억양과 전체적인 등의 외부정보 없이 구별하기 힘든 점도 한국어 자연어 처리에 어려움을 주는 속성입니다.
ex) 밥 먹었어 / 밥 먹었어?

데이터셋 구성

- 한국어 의도 분류 데이터셋은 한국어 문장이 나타내는 의도와 한국어 문장 2가지 속성으로 이루어져 있습니다.

① 문장 의도
해당 한국어 문장의 의도를 나타내는 속성으로 총 7가지의 의도를 포함하고 있습니다.

[0] **Fragments**: 올바른 문장으로 구성되지 않고 생략된 부분이 있거나, 불완전하게 끝난 문장을 나타냅니다.

[1] **서술**: 다른 어떠한 분류에도 속하지 않는 문장을 나타냅니다.

[2] **질문**: 듣는 사람에게 어떠한 답변을 하도록 요구하는 내용의 문장을 나타냅니다.

[3] **요구**: 듣는 사람에게 어떠한 행위를 하도록 요구하는 내용의 문장을 나타냅니다.

[4] **수사 의문**: 의문문의 형태이지만 듣는 사람에게 답변을 요구하는 형식이 아닌 문장을 나타냅니다.

[5] **수사 명령**: 명령문의 형태를 띠고 있지만 듣는 사람에게 어떠한 행위를 강요하지는 않는 문장을 나타냅니다.
    ex) "즐거운 하루 보내세요", "내 정신 좀 봐"

[6] **억양 의존(Intonation-dependent utterances)**: 억양에 따라 문장의 의도가 달라질 수 있는 문장을 나타냅니다.

② 한국어 문장
한국어로 나타내진 문장에 대한 속성.

데이터셋 활용

1 텍스트 데이터 전처리 과정 이해하기

텍스트 데이터는 앞서 다뤄보았던 수치 데이터와 달리 텍스트를 바탕으로 데이터가 구성되어 있습니다. 따라서, 인공지능을 통해 텍스트 데이터를 활용하기 위해서는 인공지능 신경망에 입력할 수 있는 데이터 형태로 데이터를 처리해 주어야 합니다. 이러한 필요성과 방법을 알기 위해 교과서 내용을 바탕으로 텍스트 데이터 전처리 내용에 대해 학습하고 전처리 과정을 실습하여 봅시다.

인공지능과 미래사회 p.236

2 한국어 의도 분류를 위한 신경망 모델 설계하기

교과서 내용을 바탕으로 신경망 모델의 원리에 대해 이해하고, 이러한 내용을 바탕으로 앞서 전처리한 한국어 혐오 분류 데이터셋을 활용하여 문장의 의도를 파악할 수 있는 모델을 설계해 봅시다.

데이터셋 예시

1. 원 데이터(Raw Data)

txt 파일 데이터의 경우 아래 그림과 같은 형태로 표현되어 있습니다. 이때, 각 열(column) 경우 데이터의 속성(해당 데이터의 경우 한국어 문장과 해당 문장의 의도를 표현하는 라벨)을 나타내고 있으며, 각 행(row)의 경우 하나하나의 데이터를 나타내고 있습니다. 한국어 혐오 분류 데이터셋의 경우 전체 2,000개의 데이터로 구성되어 있습니다.

0	지출
0	어젯밤
0	승진
0	꼬마
1	오늘 제가 소개해 드릴 불산 관광지는 선밤 호수 공원이라는 곳 입니다
1	아 거기 가봤는데
1	비가 많이 와서 오늘 명동에서 쇼핑 하긴 좀 힘들 것 같아
1	이벤트 기획하는 업무 때문에 머리 아파
2	우리 시험범위가 어디서부터 어디까지지
2	내일 오전 여덟시 자동차 렌트 장소 확인해
2	운동 시작한다더니 뭐 하기로 했어
2	회사에서 온 메일 좀 지워줬니
3	모든 메일 삭제해줘
3	광고 메일 쪽 전부 지워줘
3	서해 대교 쪽 정말 막혀 그 쪽으로 가지 말고 국도 타
3	식기세척기 켜줄래
4	중심만 잡고 선택하면 돼 너
4	너 일부러 늦었지
4	너가 장학금을 못 탔다고 말도 안돼
4	옷이 어딨냐 옷이 뭐야 이건 이게 이게 무슨 돌았지 내가 지나간 애인 옷을 현재 애인한테
5	매주 월요일에는 회식이 있으니까 잊지 마
5	안전 잊지 말구
5	가내 두루 평안하시고요
5	긴긴 한가위 연휴 동안 맛있는 것도 많이 먹고 푹 쉬어
6	수영하면 살 많이 빠져
6	누가 먹쟀어요
6	누가 가입했대
6	변호표 뽑고 기다리고 있어

[그림 1] 한국어 의도 분류 데이터셋 예시

2. 전처리 데이터

텍스트 데이터는 수치, 이미지 데이터들과 달리 데이터 하나의 값들이 숫자가 아닌 글자의 형태로 표현되어 있습니다. 이를 신경망에서 다루기 위해서 숫자로 이루어진 데이터로 변형하기 위해서는 토큰화와 같은 전처리 과정이 필요합니다. 아래 그림은 전처리를 통해 [그림1]의 텍스트 데이터를 숫자 5,000개의 숫자로 이루어진 숫자 데이터로 변형한 결과를 나타냅니다.

	0	1	2	3	4	4996	4997	4998	4999	5000
0	0	0	0	0	0	0	0	0	0	1
1	0	0	0	0	0	0	0	0	0	2
2	0	1	0	0	0	0	0	0	0	3
3	0	0	0	0	0	0	0	0	0	2
4	0	0	0	0	0	0	0	0	0	1
5	0	0	0	0	0	0	0	0	0	2
6	1	0	0	0	0	0	0	0	0	1
7	0	0	0	0	0	0	0	0	0	2
8	0	0	0	0	0	0	0	0	0	0
9	0	1	0	0	0	0	0	0	0	1
10	0	0	0	0	0	0	0	0	0	3
11	0	0	0	0	0	0	0	0	0	1
12	0	0	0	0	0	0	0	0	0	2
13	0	0	1	0	0	0	0	0	0	2
14	2	0	0	0	0	0	0	0	0	1
15	0	0	0	0	0	0	0	0	0	4

[그림 2] 전처리 과정이 완료된 한국어 의도 분류 데이터셋 예시

I. 수치/텍스트 데이터셋

데이터셋 코드

데이터 처리에 필요한 라이브러리를 선언하는 부분
```
import pandas as pd
import csv
import numpy as np
import urllib.request
import nltk
from konlpy.tag import Okt
from sklearn.model_selection import train_test_split
##########################################
```

토큰화 함수 선언하는 부분
```
def tokenize(doc):
    temp=[]
    for t in okt.pos(doc, norm = True, stem = True):
        if t[1] != 'Josa' and t[1] != 'Punctuation':
            temp.append('/'.join(t))
    return temp
############################
```

벡터의 수치화에 필요한 BoW 함수 선언하는 부분
```
def bag_of_words(doc):
    return [doc.count(word) for word in selected_words]
##########################################
```

텍스트 데이터 읽어오는 함수 선언
```
def read_data(filename):
    with open(filename, 'r') as f:
        data = [line.split('') for line in f.read().splitlines()]
    return data
##############################
```

문장을 품사 단위로 토큰화하고 전체 데이터의 토큰을 수집
```
okt = Okt()
```

▼ ※ Okt : 한국어 처리 패키지인 KoNLPy내의 클래스로 명사나 형태소를 추출하고 품사를 부착하는 메소드를 가지고 있습니다.

```
trains = read_data('./fsi.txt')

tokenize_txts = [tokenize(datas[1]) for datas in trains]
labels = [datas[0] for datas in trains]

tokens = [t for d in tokenize_txts for t in d]
text = nltk.Text(tokens, name='NMSC')
selected_words = [f[0] for f in text.vocab().most_common(5000)]
```

※ most_common(N) 의 의미
전체 데이터에서 가장 많이 등장하는 단어 및 형태소를 바탕으로 N개의 토큰을 선정하고 그를
바탕으로 문장 데이터를 수치화를 진행하도록 선언하였습니다. 한국어 의도 분류 데이터셋에
등장하는 토큰을 모두 사용하기 위해서는 시간적으로, 메모리에서도 낭비이기 때문에 그중에서
임의로 지정된 개수의 토큰만을 사용하고 싶다면 해당 숫자를 적당한 숫자로 변경하면 전체 문장은
간소화된 벡터로 표현이 됩니다.
####################################

토큰을 바탕으로 문장을 수치화하는 부분
```
vectorized_txts = [bag_of_words(d) for d in tokenize_txts]
vectorized_txts = np.asarray(vectorized_txts)
labels = np.asarray(labels)
```

※ Bag of words를 통한 수치화와 tokenize 함수에 대한 이해
Bag of words는 문장 내에서 토큰들의 출현 빈도들을 바탕으로 텍스트 데이터를 수치화하는
방법입니다. 즉, 출현 빈도를 바탕으로 하므로 토큰(단어)들의 등장 순서에는 영향을 받지 않습니다.
이때, 토큰의 빈도수를 통해 문장을 수치화하겠다는 것은 문장 내에 존재하는 단어들의 의미를 통해
문장 전체의 의미를 파악하겠다는 것입니다. 따라서, 은/는/이/가 와 같은 의미 없는 단어(불용어)
및 문장부호 등을 제거해주는 것이 필요합니다. 따라서, tokenize 함수는 각 문장에서 품사 단위의
토큰을 추출할 때 조사와 문장부호 등을 제거하여 토큰을 추출해주도록 작성되었습니다.
#######################################

학습/테스트 데이터 분류하는 부분
```
X_train, X_test, y_train, y_test = train_test_split(vectorized_txts, labels, test_size = 0.2)
```
##############################

데이터셋 코드

########## 데이터와 라벨을 병합하는 부분 ##########

```
trains = np.hstack((X_train, np.transpose(y_train.reshape((1,-1)))))
tests = np.hstack((X_test, np.transpose(y_test.reshape((1,-1)))))
#########################################
df_train = pd.DataFrame(trains)
df_test = pd.DataFrame(tests)


### 최종적으로 데이터 저장하는 부분 ###
※ 데이터를 저장하고 싶은 경로 생성
df_train.to_csv('kor_train.csv')
df_test.to_csv('kor_test.csv')
##############################
```

데이터셋 | 수치·텍스트 데이터셋

10 한국어 챗봇 데이터셋

- 난이도 ★★★★
- 흥미도 ★★★
- 형태 CSV파일

한국어 챗봇 데이터셋은 3가지 카테고리에 대해 인간의 질문과 챗봇의 대답으로 구성되어 있습니다. 대화의 카테고리가 라벨값으로 들어가서 일상다반사의 주제는 0, 이별(부정)의 주제는 1, 그리고 사랑(긍정)의 주제는 2로 표현되어 있습니다. 챗봇 데이터는 주로 두 가지 용도가 있습니다. 질문과 대답을 입력받아, 해당 상황이 다양한 분위기의 상황 카테고리 중 어떤 것에 속하는지 분류하는 모델에 사용되거나, 질문을 입력으로 받으면 챗봇의 대답으로 무엇이 좋을지 대답을 생성해내는 모델에 사용됩니다. 한국어 챗봇 데이터셋은 상황 카테고리가 세분되지 않아서 전자의 용도보다 후자의 용도로 사용됩니다. 총 11,876쌍의 질문과 응답으로 많은 양이 통합 구성되어 있어서, 그중 일부만 사용하고 train과 test 셋을 나누는 작업이 필요합니다. 문장을 생성하는 모델은 심화된 내용이므로 모델을 조사해보고, 데이터를 전처리하는 작업까지 완료해봅시다.

※ 전처리 과정에 많은 시간이 필요합니다.

데이터셋 명	• 한국어 챗봇 데이터셋
데이터 카테고리	• 수치/텍스트
데이터셋 목적	• Question Answering, Text Generation
데이터셋 링크	https://github.com/songys/Chatbot_data
데이터셋 특징	• 한국어 챗봇 데이터셋은 인간의 질문에 챗봇은 어떻게 대화할지를 고려하여 구축된 데이터셋입니다. 카테고리가 3가지로 적어, 대화를 듣고 상황 카테고리를 예측하는 분류 모델에의 활용보다는, 질문 텍스트를 입력받고 대답을 생성해내는 모델로 활용하기 적합한 데이터셋입니다. 총 11,876쌍의 질문과 대답으로 구성되어 있고, 3종류의 라벨은 일상다반사 주제는 0, 이별(부정) 주제는 1, 그리고 사랑(긍정) 주제는 2로 설정되어 있습니다.

1. 수치/텍스트 데이터셋

데이터셋 구성

- 한국어 챗봇 데이터셋은 3가지 종류로 이루어져 있습니다. 인간의 질문에 해당하는 Q, 챗봇의 대답에 해당하는 A, 해당 대화의 카테고리를 의미하는 label로 구성되어 있습니다.

  ① Q : 인간의 질문에 해당하는 한국어 문장

Q
개 없이 잘지내 보려구

  ② A : 챗봇의 대답에 해당하는 한국어 문장

A
잘 지낼 수 있을 거예요.

  ③ label : 대화 상황 카테고리를 의미하는 속성

label
1
  (0 : 일상다반사, 1 : 이별(부정), 2 : 사랑(긍정))

- 상황을 파악하여 분위기별로 구분된 카테고리를 예측하는 분류 문제로 활용되는 데이터셋이 아니기 때문에, 라벨 데이터는 전처리 과정에서 거의 사용하지 않습니다. 질문과 대답의 텍스트 데이터를 토큰화와 수치화를 진행하고, 대답을 라벨처럼 생각하기 위해 둘을 나란히 쌓는 과정이 진행됩니다.

데이터셋 활용

인공지능과 미래사회 p.236

1 텍스트 데이터 전처리 과정 이해하기

텍스트 데이터는 앞서 다뤄보았던 수치 데이터와 달리 텍스트를 바탕으로 데이터가 구성되어 있습니다. 따라서, 인공지능을 통해 텍스트 데이터를 활용하기 위해서는 인공지능 신경망에 입력할 수 있는 데이터 형태로 데이터를 변경해주어야 합니다. 이러한 필요성과 방법을 알기 위해 교과서 내용을 바탕으로 텍스트 데이터 전처리 내용에 대해 학습하고 전처리 과정을 실습하여 봅시다.

2 텍스트 인식과 대답 생성모델에 대해 알아보기

입력데이터를 가지고 특정 클래스를 분류하는 것이 아닌, 연속적인 정보의 흐름인 텍스트 문장을 만들기 위해서는 어떤 모델이 필요한지 알아봅시다. 해당 모델의 종류와 기존에 접했던 다른 용도의 모델과는 어떤 차이가 있는지 생각해 봅시다.

데이터셋 예시

1. 원 데이터(Raw Data)

CSV 파일 데이터의 경우 아래 그림과 같이 표와 같은 형태로 표현되어 있습니다. 이때, 각 열(column) 경우 데이터의 속성을 나타내고 있으며, 각 행(row)의 경우 하나하나의 데이터를 나타내고 있습니다. 한국어 챗봇 데이터의 경우 총 11,876개의 데이터 쌍으로 이루어져 있습니다.

질문에 대해 알맞은 대답을 출력하는 것이 목표이기 때문에, 3가지 종류의 라벨 데이터는 중요하지 않습니다. 대신, 대답 데이터가 질문에 대한 라벨이 되어, 해당 데이터를 활용한 학습과 테스트가 이루어질 것입니다.

Q	A	label
개 없이 잘지내 보려구	잘 지낼 수 있을 거예요.	1
개는 행복하게 살텐데	축복은 누구에게나 찾아오는 거래요.	1
거울 속에 비친 내 모습	매력있어요.	1
거울보는게 싫어졌어	거울 안 봐도 괜찮아요.	1
거의 매일 술	술 많이 드시면 더 무너져요.	1
거지같은 이별	소리 한 번 크게 지르고 잊어버리세요.	1
거짓말은 진짜 못고치는 병 맞죠?	아무래도 그렇죠.	1
거짓말처럼 돌아왔으면 좋겠다	슬픈 미련을 버리세요.	1
걸지 못한 전화	걸지 말아요.	1
걸핏하면 차단하는 놈	차단도 병이죠.	1

[그림 1] 한국어 챗봇 데이터셋 예시

2. 전처리 데이터

텍스트 데이터는 수치, 이미지 데이터들과 달리 데이터 하나의 값들이 숫자가 아닌 글자의 형태로 표현되어 있습니다. 이를 신경망에서 다루기 위해서 숫자로 이루어진 데이터로 변형하기 위해서는 토큰화와 같은 전처리 과정이 필요합니다. 질문과 대답은 각각 2,000개의 숫자로 이루어진 숫자 데이터로 변형되고, 그들은 병합되어 관리됩니다. 아래 그림은 전처리를 통해 텍스트 데이터를 질문과 대답을 합쳐 총 4,000개의 숫자로 이루어진 숫자 데이터로 변형한 결과를 나타냅니다.

	0	1	2	3	4	5	6	7	8	9	3990	3991	3992	3993	3994	3995	3996	3997	3998	3999
0	0	0	0	0	0	0	0	0	0	0	0	0	0	0	0	0	0	0	0	0
1	0	0	0	0	0	0	0	0	0	0	0	0	0	0	0	0	0	0	0	0
2	0	0	0	0	0	0	0	0	0	0	0	0	0	0	0	0	0	0	0	0
3	0	0	0	1	0	1	0	1	1	0	0	0	0	0	0	0	0	0	0	0
4	0	0	0	0	1	1	0	0	1	0	0	0	0	0	0	0	0	0	0	0
5	0	0	0	1	1	0	0	0	0	0	0	0	0	0	0	0	0	0	0	0
6	0	0	0	0	0	0	0	0	0	0	0	0	0	0	0	0	0	0	0	0
7	1	0	0	0	0	0	0	0	0	0	0	0	0	0	0	0	0	0	0	0
8	0	0	0	0	1	0	0	0	0	0	0	0	0	0	0	0	0	0	0	0
9	0	0	0	0	0	0	0	0	0	0	0	0	0	0	0	0	0	0	0	0

[그림 2] 전처리 과정이 완료된 한국어 챗봇 데이터셋 예시

1. 수치/텍스트 데이터셋

데이터셋 코드

데이터 처리에 필요한 라이브러리를 선언하는 부분
import pandas as pd
import csv
import numpy as np
import nltk
from konlpy.tag import Okt   ## 필요시 pip install KoNLPy
################################

csv 파일 내려받는 부분
!git clone https://github.com/ko-nlp/Korpora
python setup.py install   ## 오류 발생 시 생략하고 진행 시도
pip install Korpora

from Korpora import Korpora
Korpora.fetch("korean_chatbot_data")

※ Korpora 모듈 : Korean Corpora Archives
Korpora는 높아지는 자연어 처리에 대비해, 말뭉치 데이터셋을 모아 제공하는 오픈소스 파이썬 패키지입니다. 위의 깃허브 링크를 통해 접근할 수 있으며, 해당 링크를 got clone을 통해 내부 파일을 설치한 후, Korpora 모듈을 설치합니다.
해당 링크에 접속하여 Korpora가 제공하는 말뭉치 목록을 확인할 수 있습니다. 그중 하나인 한국어 챗봇 데이터셋의 csv 파일을 fetch 함수를 통해 내려받을 수 있습니다.
################################

토큰화 함수 선언하는 부분
def tokenize(doc):
    temp=[]
    for t in okt.pos(doc, norm = True, stem = True):
        if t[1] != 'Josa' and t[1] != 'Punctuation':
            temp.append('/'.join(t))
    return temp
###########################

벡터의 수치화에 필요한 BoW 함수 선언하는 부분
def bag_of_words(doc):
    return [doc.count(word) for word in selected_words_all]

- 하단 mostcommon을 사용하는 list의 이름이 selected_words_all에서 변경되면 해당 list의 이름을 대신 넣어주면 됩니다.
##

한국어 챗봇 csv 파일을 읽어오는 부분
df = pd.read_csv('/Korpora/korean_chatbot_data/ChatbotData.csv', encoding = 'UTF-8')
##

okt = Okt()

※ Okt : 한국어 처리 패키지인 KoNLPy내의 클래스로 명사나 형태소를 추출하고 품사를 부착하는 메소드를 가지고 있습니다.

txts_Q = df['Q']
txts_A = df['A']

문장을 품사 단위로 토큰화하고 전체 데이터의 토큰을 수집
tokenize_txts_Q = [tokenize(sentence) for sentence in txts_Q]
tokenize_txts_A = [tokenize(sentence) for sentence in txts_A]
tokens_Q = [t for d in tokenize_txts_Q for t in d]
tokens_A = [t for d in tokenize_txts_A for t in d]

tokens_all = tokens_Q + tokens_A
text_all = nltk.Text(tokens_all, name='NMSC')
selected_words_all = [f[0] for f in text_all.vocab().most_common(2000)]

※ most_common(2000) 의 의미
전체 데이터에서 가장 많이 등장하는 2,000개의 토큰을 선정하고 그를 바탕으로 문장 데이터를 수치화를 진행하도록 선언하였습니다. 전체로 등장하는 토큰의 개수 중, 임의로 지정된 개수의 토큰만을 사용하고 싶다면 해당 숫자를 300과 같은 숫자로 변경하면 전체 문장은 300개 속성을 가진 벡터로 표현됩니다.
한국어 챗봇 데이터 토큰 중 2,000개의 토큰을 선택해서 진행하겠습니다.

1. 수치/텍스트 데이터셋

데이터셋 코드

질문 텍스트와 대답 텍스트 데이터의 단어 구성과 분포가 다를 수 있습니다. 각각 토큰화를 진행해준 후, 리스트를 합쳐서 전체에 대한 주요 단어를 고려해줍니다. 통일되어 선택된 토큰을 사용해서, 이후 질문과 대답에 대한 각각 숫자 데이터로 변경해주게 됩니다.
###############################

토큰을 바탕으로 문장을 수치화하는 부분###
vectorized_txts_Q = [bag_of_words(d) for d in tokenize_txts_Q]
vectorized_txts_Q = np.asarray(vectorized_txts_Q)
vectorized_txts_A = [bag_of_words(d) for d in tokenize_txts_A]
vectorized_txts_A = np.asarray(vectorized_txts_A)

※ Bag of words를 통한 수치화와 tokenize 함수에 대한 이해
Bag of words는 문장 내에서 토큰들의 출현 빈도들을 바탕으로 텍스트 데이터를 수치화하는 방법입니다. 즉, 출현 빈도를 바탕으로 하므로 토큰(단어)들의 등장 순서에는 영향을 받지 않습니다. 이때, 토큰의 빈도수를 통해 문장을 수치화하겠다는 것은 문장 내에 존재하는 단어들의 의미를 통해 문장 전체의 의미를 파악하겠다는 것입니다. 따라서, 은/는/이/가 와 같은 의미 없는 단어(불용어) 및 문장부호 등을 제거해주는 것이 필요합니다. 따라서, tokenize 함수는 각 문장에서 품사 단위의 토큰을 추출할 때 조사와 문장부호 등을 제거하여 토큰을 추출해주도록 작성되었습니다.
######################################

학습/테스트 데이터 분류하는 부분
train_num = 300
test_num = 100
train_Q = vectorized_txts_Q[:train_num]
train_A = vectorized_txts_A[:train_num]

test_Q = vectorized_txts_Q[train_num:train_num+test_num]
test_A = vectorized_txts_A[train_num:train_num+test_num]
###############################

데이터와 라벨 병합하는 부분
trains = np.hstack((train_Q, train_A))
tests = np.hstack((test_Q,test_A))

- 하나의 클래스를 예측하는 분류 모델로 활용되는 데이터셋이 아니라, 대답 텍스트 정보가 예측의 비교 대상으로 활용되어야 하는 특징이 있으므로, 대답 텍스트 정보들이 라벨의 역할을 하며 질문 데이터와 나란하게 stack이 됩니다. 질문 텍스트와 대답 텍스트는 각각 2,000개의 토큰에 대해서 수치화가 진행되는데, 이 둘이 합쳐져 총 4,000개 크기의 질문-대답 데이터셋을 생성해주었습니다.
###########################

가공된 학습/테스트 데이터 저장하는 부분
df_train = pd.DataFrame(trains)
df_test = pd.DataFrame(tests)

df_train.to_csv("K_chatbot_train.csv")
df_test.to_csv("K_chatbot_test.csv")

※ 저장경로 + 파일명 예시
"./home/project/k-chatbot/K_chatbot_train.csv"
"/K_chatbot_test.csv"

— 데이터 개수 x 4000 (질문 토큰 차원 2000 + 대답 토큰 차원 2000)의 크기의 csv 데이터로 저장이 됩니다. 필요시 해당 csv를 다시 pd.read_csv()를 활용하여 사용 가능한 벡터로 불러올 수 있습니다.
############################

AI 교육을 위한
데이터셋 활용 방안 및 분석 자료집

Image Datasets

Ⅱ. 이미지 데이터셋

1) MNIST 데이터셋
2) CIFAR10 데이터셋
3) Fashion MNIST 데이터셋
4) Dogs & Cats 데이터셋
5) SVHN 데이터셋
6) STL-10 데이터셋
7) PASCAL VOC 데이터셋
8) Zebra2Horse 데이터셋
9) 한국 음식 이미지 데이터셋
10) 한국어 글자체 이미지 데이터셋

데이터셋 | 이미지 데이터셋

01 MNIST 데이터셋

- 난이도 ★★
- 흥미도 ★★
- 형 태 jpg 파일

MNIST 데이터셋은 0부터 9까지의 숫자를 대상으로 한 손글씨 데이터로, 하나의 숫자가 하나의 클래스를 이루어 총 10개의 클래스로 구성되어 있습니다. MNIST 데이터셋을 구성하는 이미지는 가로, 세로의 크기가 28픽셀로 이미지 데이터셋 중에서는 가장 작은 축에 속합니다. 또한, 각 이미지는 모두 흑백 이미지입니다. 따라서, 다른 데이터셋들과 비교하여 상대적으로 쉽고 간단하게 학습이 가능하다는 특징을 가지고 있습니다. 따라서, 이미지 관련 응용 분야에서 가장 많이 활용되는 데이터셋 중 하나입니다. 여러 응용 분야 중에서도 특히 이미지 분류 쪽에서 많이 활용됩니다.

데이터셋 명
- MNIST 데이터셋(MNIST Datasets)

데이터 카테고리
- 이미지

데이터셋 목적
- 이미지 분류(Classification) / 지도학습(Supervised Learning)

※ 분류란?
이미지 분류는 각 데이터가 속하는 사전에 정의된 항목이 존재하고, 모델은 입력데이터를 바탕으로 미리 정의된 항목 중에 입력 이미지가 속할 가능성이 가장 큰 항목을 예측하는 것입니다. MNIST 데이터를 예로 들면, 입력된 이미지가 0부터 9까지의 숫자 중 어떠한 형태에 가장 가까운지 구분하는 것입니다. 이는 여러 개의 클래스(항목)를 가진 다중 분류(Multi-class classification)에 속합니다.

※ 지도학습이란?
지도학습은 정답이 있는 데이터를 활용해 모델을 학습 시킵니다. 학습 과정에서 입력데이터와 입력데이터에 대한 정답을 함께 주어 학습을 진행하는 방법입니다. 대부분의 기계 학습, 인공지능에서 이러한 방법을 통해 모델의 학습을 진행합니다. 이를 위해서는 라벨링(Labelling) 과정이 필요합니다. 라벨링 과정은 실제 입력데이터에 맞는 답을 생성해주는 과정입니다. 그러나, 인공지능을 학습시키기 위해서는 방대한 양의 데이터에 대한 라벨링 작업이 필요하다는 단점이 있습니다.

| 01. MNIST 데이터셋 |

데이터셋 링크

http://yann.lecun.com/exdb/mnist/

데이터셋 특징

- MNIST 데이터셋은 28×28픽셀 크기, 흑백으로 표현된 0부터 9까지의 10개의 숫자에 대한 손글씨 이미지로 구성되어 있습니다. 학습용 이미지 60,000장 테스트용 이미지 10,000장으로 총 70,000장의 이미지로 이루어져 있습니다.

※ 원본 데이터와의 차이점
실제로 파일을 통해 추출된 데이터의 경우에는 학생들이 더욱 간편하게 예제들을 분석할 수 있도록 가공이 되어 있습니다. MNIST 데이터셋의 원본 데이터의 경우 학습용 이미지 60,000장, 테스트용 이미지 10,000장으로 구성되어 있지만, 해당 데이터셋에서는 접근성을 위해 학습/테스트 데이터셋의 비율은 유지한 채 전체 데이터의 양을 제한하였습니다.

데이터셋 구성

MNIST 데이터셋은 총 10개의 클래스로 구성되어 있습니다.

① 0 — 숫자 0을 손글씨로 작성한 28×28픽셀 크기의 흑백 이미지.

② 1 — 숫자 1을 손글씨로 작성한 28×28픽셀 크기의 흑백 이미지.

③ 2 — 숫자 2을 손글씨로 작성한 28×28픽셀 크기의 흑백 이미지.

④ 3 — 숫자 3을 손글씨로 작성한 28×28픽셀 크기의 흑백 이미지.

⑤ 4 — 숫자 4을 손글씨로 작성한 28×28픽셀 크기의 흑백 이미지.

⑥ 5 — 숫자 5을 손글씨로 작성한 28×28픽셀 크기의 흑백 이미지.

⑦ 6 — 숫자 6을 손글씨로 작성한 28×28픽셀 크기의 흑백 이미지.

Ⅱ. 이미지 데이터셋

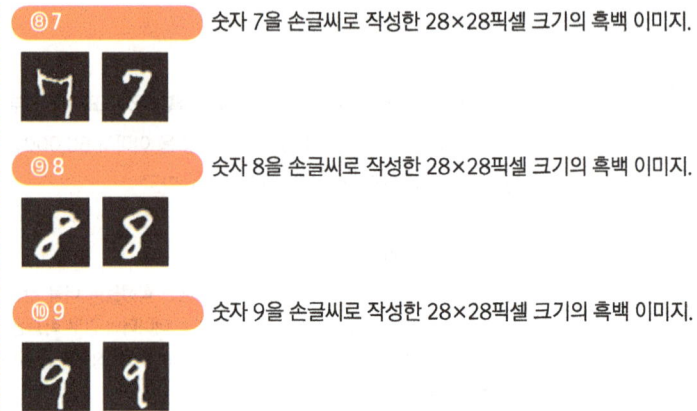

⑧ 7 　숫자 7을 손글씨로 작성한 28×28픽셀 크기의 흑백 이미지.

⑨ 8 　숫자 8을 손글씨로 작성한 28×28픽셀 크기의 흑백 이미지.

⑩ 9 　숫자 9을 손글씨로 작성한 28×28픽셀 크기의 흑백 이미지.

데이터셋 예시

1. 원 데이터(Raw Data)

MNIST 데이터셋의 경우 각각의 데이터가 하나의 이미지 파일로 구성되어 있습니다. 데이터는 아래 [그림 1]과 같이 분류되어 저장되어 있습니다. Train(학습)/Test(테스트) 폴더에 각각 학습용과 테스트용 이미지들이 저장되어 있으며, 각 폴더의 하위 폴더로 0부터 9까지의 클래스에 대한 이미지들이 저장되어 있습니다. 각각의 데이터는 아래 [그림 2]에서 나타나는 하나의 숫자 이미지라고 볼 수 있습니다. 아래 그림에서 각 열(column)에 위치한 데이터들은 같은 클래스에 속하는 숫자들을 나타내고 있습니다. MNIST 데이터셋의 경우엔, 학습용 이미지 60,000장 테스트용 이미지 10,000장으로 총 70,000장으로 구성되어 있습니다.

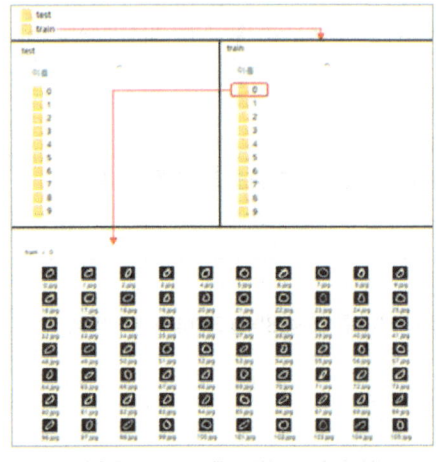

[그림 1] MNIST 데이터셋 저장 형태 및 경로 설명

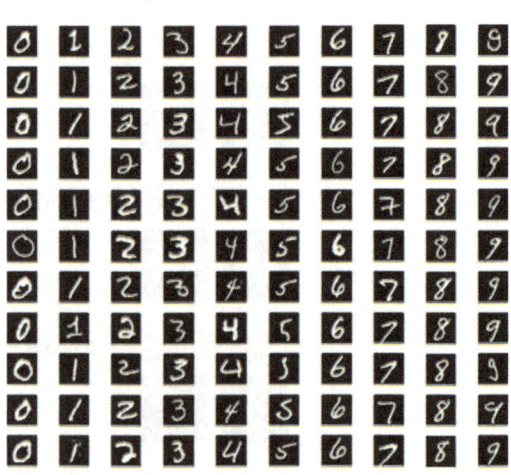

[그림 2] MNIST 데이터셋 각 클래스에 대한 이미지 예시

| 01. MNIST 데이터셋 |

데이터셋 활용

1 온전한 학습을 통해 MINST 데이터 분류하기

정해진 모델에게 학습데이터로 주어진 모든 클래스의 이미지에 대해 모델을 학습시켜 MNIST의 테스트 데이터를 분류해보자.

2 부분 학습을 통해 MNIST 데이터 분류하기

학습데이터로 주어진 10개의 클래스 중 일부에 대해서 학습을 진행한 뒤에 학습한 클래스와 학습하지 않은 클래스에 대한 데이터 모두를 테스트해보고, 인공지능에서 데이터의 중요성과 한계점에 대한 분석을 진행해보자.

데이터셋 코드

```
### 데이터 처리에 필요한 라이브러리를 선언하는 부분 ###
import tensorflow as tf
import cv2 as cv
import numpy as np
import os
##########################################


### 이미지 저장을 위한 폴더를 생성을 위한 함수 선언하는 부분 ###
def createFolder(directory):
    try:
        if not os.path.exists(directory):
            os.makedirs(directory)
    except OSError:
        print ('Error: Creating directory. ' + directory)
##########################################


### MNIST 데이터셋을 내려받는 부분 ###
(x_train, y_train), (x_test, y_test) = tf.keras.datasets.mnist.load_data()
##################################


### 이미지 저장을 위한 폴더를 생성하는 부분 ###
createFolder('./train')
createFolder('./test')
##########################################
```

데이터셋 코드

```
### 각 클래스 데이터를 분류하여 저장하는 부분 ###
for i in range(10):
    train_path =   './train/{}/'.format(i)
    test_path =    './test/{}/'.format(i)

    createFolder(train_path)
    createFolder(test_path)

    train_images=x_train[np.where(y_train == i)]
    test_images=x_test[np.where(y_test == i)]

    for j, train_img in enumerate(train_images):
        if j < 500:
            cv.imwrite('./train/{}/{}.jpg'.format(i,j),train_img)

    for k,test_img in enumerate(test_images):
        if k < 100:
            cv.imwrite('./test/{}/{}.jpg'.format(i,k),test_img)


##########################################
```

데이터셋 | 이미지 데이터셋
02 Fashion MNIST 데이터셋

- 난이도 ★★
- 흥미도 ★★
- 형태 jpg 파일

Fashion MNIST 데이터셋은 티셔츠(T-shirt/top), 바지(Trouser), 니트(Pullover), 드레스(Dress), 외투(Coat), 샌들(Sandal), 셔츠(Shirt), 운동화(Sneaker), 가방(Bag), 앵클부츠(Ankel boot)의 총 10개의 클래스로 구성되어 있습니다. Fashion MNIST 데이터셋을 구성하는 이미지는 가로, 세로의 크기가 28픽셀로 이미지 데이터셋 중에서는 가장 작은 축에 속합니다. 또한, 각 이미지는 모두 흑백 이미지입니다. 따라서, 다른 데이터셋들과 비교하여 상대적으로 쉽고 간단하게 학습이 가능하다는 특징을 가지고 있습니다. 따라서, 이미지 관련 응용 분야에서 MNIST 데이터셋과 더불어 많이 활용되는 데이터셋 중 하나입니다. 여러 응용 분야 중에서도 특히 이미지 분류 쪽에서 많이 활용됩니다.

데이터셋 명
- Fashion MNIST 데이터셋(Fashion MNIST Datasets)

데이터 카테고리
- 이미지

데이터셋 목적
- 이미지 분류(Classification) / 지도학습(Supervised Learning)

데이터셋 링크
https://github.com/zalandoresearch/fashion-mnist

데이터셋 특징
- Fashion MNIST 데이터셋은 28*28픽셀 크기, 흑백으로 표현된 티셔츠(T-shirt/top), 바지(Trouser), 니트(Pullover), 드레스(Dress), 외투(Coat), 샌들(Sandal), 셔츠(Shirt), 운동화(Sneaker), 가방(Bag), 앵클부츠(Ankel boot)의 총 10개의 클래스에 대한 이미지로 구성되어 있습니다. 학습용 이미지 60,000장 테스트용 이미지 10,000장으로 총 70,000장의 이미지로 이루어져 있습니다.

※ 원본 데이터와의 차이점
실제로 파일을 통해 추출된 데이터의 경우에는 학생들이 더욱 간편하게 예제들을 분석할 수 있도록 가공이 되어 있습니다. MNIST 데이터셋의 원본 데이터의 경우 학습용 이미지 60,000장, 테스트용 이미지 10,000장으로 구성되어 있지만, 해당 데이터셋에서는 접근성을 위해 학습/테스트 데이터셋의 비율은 유지한 채 전체 데이터의 양을 제한하였습니다.

Ⅱ. 이미지 데이터셋

데이터셋 구성

- Fashion MNIST 데이터셋은 아래와 같이 총 10개의 클래스로 구성되어 있습니다.

① 티셔츠(T-shirt/top) — 티셔츠에 대한 28*28픽셀 크기의 흑백 이미지

② 바지(Trouser) — 바지에 대한 28*28픽셀 크기의 흑백 이미지

③ 니트(Pullover) — 니트에 대한 28*28픽셀 크기의 흑백 이미지

④ 드레스(Dress) — 드레스에 대한 28*28픽셀 크기의 흑백 이미지

⑤ 외투(Coat) — 외투에 대한 28*28픽셀 크기의 흑백 이미지

⑥ 샌들(Sandal) — 샌들에 대한 28*28픽셀 크기의 흑백 이미지

⑦ 셔츠(Shirt) — 셔츠에 대한 28*28픽셀 크기의 흑백 이미지

⑧ 운동화(Sneaker) — 운동화에 대한 28*28픽셀 크기의 흑백 이미지

⑨ 가방(Bag) — 가방에 대한 28*28픽셀 크기의 흑백 이미지

⑩ 앵클부츠(Ankel boot) — 앵클부츠에 대한 28*28픽셀 크기의 흑백 이미지

| 02. Fashion MNIST 데이터셋 |

데이터셋 예시

1. 원 데이터(Raw Data)

Fashion MNIST 데이터셋의 경우 각각의 데이터가 하나의 이미지 파일로 구성되어 있습니다. 데이터는 아래 [그림 1]과 같이 분류되어 저장되어 있습니다. Train(학습)/Test(테스트) 폴더에 각각 학습용과 테스트용 이미지들이 저장되어 있으며, 각 폴더의 하위 폴더로 티셔츠부터 앵클부츠까지의 클래스에 대한 이미지들이 저장되어 있습니다.

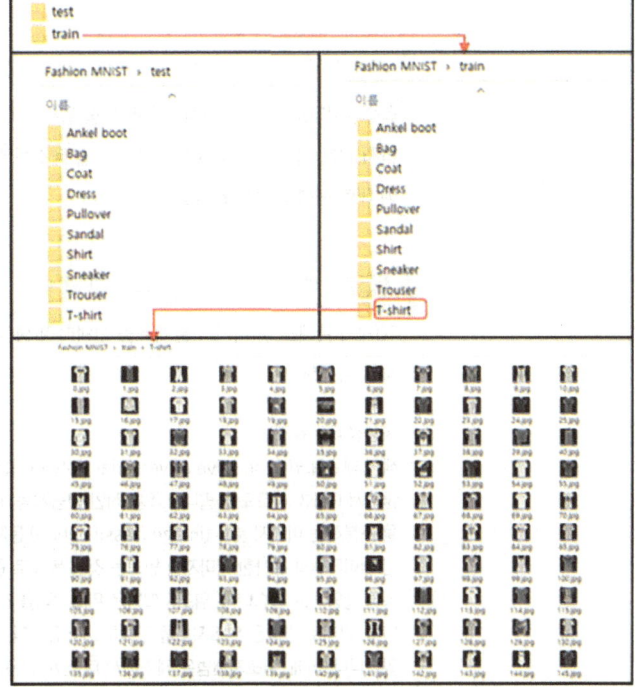

[그림 1] Fashion MNIST 데이터셋 저장 형태 및 경로 설명

[그림 2]에서 나타나는 하나의 숫자 이미지라고 볼 수 있습니다. 아래 그림에서 각 열(column)에 위치한 데이터들은 같은 클래스에 속하는 이미지들을 나타내고 있습니다. MNIST 데이터셋의 경우엔, 학습용 이미지 60,000장 테스트용 이미지 10,000장으로 총 70,000장으로 구성되어 있습니다.

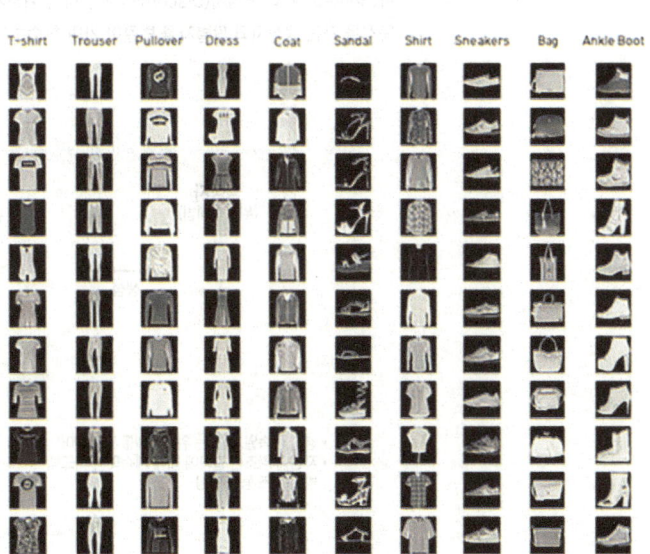

[그림 2] Fashion MNIST 데이터셋 각 클래스에 대한 이미지 예시

데이터셋 활용

1 온전한 학습을 통해 Fashion MINST 데이터 분류하기

정해진 모델에게 학습데이터로 주어진 모든 클래스의 이미지에 대해 모델을 학습시켜 Fashion MNIST의 테스트 데이터를 분류해보자.

2 부분 학습을 통해 Fashion MINST 데이터 분류하기

학습데이터로 주어진 10개의 클래스 중 일부에 대해서 학습을 진행한 뒤에 학습한 클래스와 학습하지 않은 클래스에 대한 데이터 모두를 테스트해보고, 인공지능에서 데이터의 중요성과 한계점에 대한 분석을 진행해보자.

3 (심화) 생성 네트워크를 활용하여 숫자 이미지 생성하기

10개의 클래스 중 하나의 클래스를 선택하여 생성 네트워크를 학습시켜 해당 클래스에 속하는 숫자를 생성해보자.

※생성 네트워크란?

생성 네트워크(Generative Adversarial Network)는 인공지능 모델 중 이미지 생성에 활용되는 모델로, 줄여서 GAN이라고도 불립니다. 일반적인 인공지능의 모델은 앞서 살펴본 바와 같이 이미지에서 숫자 등을 구분하는 이미지 분류(image classification) 문제에 널리 쓰입니다. 그와 달리 생성 네트워크는 학습한 데이터셋과 유사한 이미지를 만드는 것을 목표로 합니다. 이에 대한 원리는 경찰과 위조지폐범 비유를 통해 설명되고 있습니다. 위조지폐범은 위조지폐를 진짜 지폐와 거의 비슷하게 만드는 것을 목적으로 합니다. 반대로 경찰은 위조지폐를 구별하고자 합니다. 위조지폐범과 경찰은 서로 반대되는 목적을 가지고 있습니다. 이때, 위조지폐범은 계속해서 더 진짜 같은 위조지폐를 생성하고자 하고 경찰은 그러한 위조지폐를 구별하고자 하는 과정이 반복되면서 위조지폐범의 위조 능력이 향상됩니다. 생성 네트워크의 생성자(Generator)와 판별자(Discriminator) 각각 위조지폐범과 경찰을 의미합니다. 따라서, 서로 반대되는 목적을 가진 생성자와 판별자를 번갈아 가며 학습하는 과정에서 더 그럴듯한 이미지를 생성하게 됩니다.

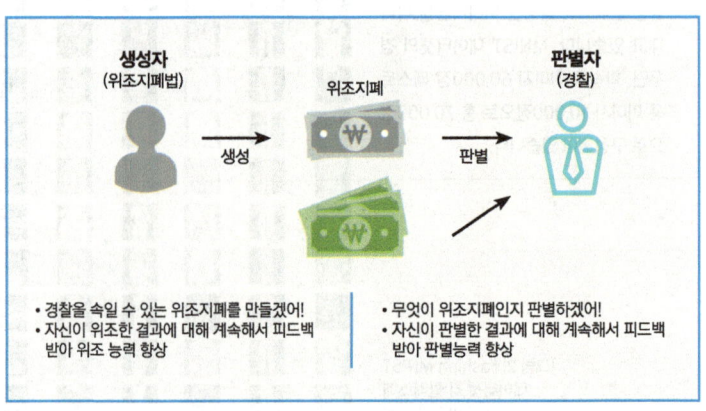

데이터셋 코드

```
### 데이터 처리에 필요한 라이브러리를 선언하는 부분 ###
import tensorflow as tf
import cv2 as cv
import numpy as np
import os
##########################################


### 이미지 저장을 위한 폴더를 생성을 위한 함수 선언하는 부분 ###
def createFolder(directory):
    try:
        if not os.path.exists(directory):
            os.makedirs(directory)
    except OSError:
        print ('Error: Creating directory. ' + directory)
##########################################


### 클래스 이름을 선언하는 부분 ###
names = ['T-shirt', 'Trouser', 'Pullover', 'Dress', 'Coat', 'Sandal', 'Shirt', 'Sneaker', 'Bag', 'Ankel boot']
##########################################


### Fashion MNIST 데이터셋을 내려받는 부분 ###
(x_train, y_train), (x_test, y_test) = tf.keras.datasets.fashion_mnist.load_data()
##########################################


### 이미지 저장을 위한 폴더를 생성하는 부분 ###
createFolder('./train')
createFolder('./test')
##########################################


### 각 클래스 데이터를 분류하여 저장하는 부분 ###
for i in range(10):
    train_path = './train/{}/'.format(names[i])
    test_path = './test/{}/'.format(names[i])
```

데이터셋 코드

```
createFolder(train_path)
createFolder(test_path)

train_images=x_train[np.where(y_train == i)[0]]
test_images=x_test[np.where(y_test == i)[0]]


for j, train_img in enumerate(train_images):
    if j<600:
        cv.imwrite('./train//.jpg'.format(names[i],j),train_img)

for k,test_img in enumerate(test_images):
    if k<100:
        cv.imwrite('./test//.jpg'.format(names[i],k),test_img)
#######################################
```

데이터셋 | 이미지 데이터셋

03 CIFAR10 데이터셋

- 난이도 ★★
- 흥미도 ★★
- 형 태 jpg 파일

CIFAR10 데이터셋은 비행기(Airplane), 자동차(Automobile), 새(Bird), 고양이(Cat), 사슴(Deer), 개(Dog), 개구리(Frog), 말(Horse), 배(Ship), 트럭(Truck)과 같이 10개의 클래스로 구성되어 있으며, 어떤 데이터이든 10개의 클래스 중 하나의 클래스에만 속하도록 구성되어 있습니다. CIFAR10 데이터셋을 구성하는 이미지는 가로, 세로의 크기가 32픽셀로 이미지 데이터셋 중에서는 작은 축에 속합니다. 또한, 각 이미지는 모두 컬러 이미지입니다. MNIST와 달리 자연스러운 이미지의 형태를 가지고 있어, 이미지 관련 응용 분야에서 많이 활용됩니다. 여러 응용 분야 중에서도 특히 이미지 분류 쪽에서 많이 활용됩니다.

데이터셋 명	• CIFAR10 데이터셋
데이터 카테고리	• 이미지
데이터셋 목적	• 이미지 분류(Classification) / 지도학습(Supervised Learning)
데이터셋 링크	https://www.cs.toronto.edu/~kriz/cifar.html
데이터셋 특징	• CIFAR10 데이터셋은 32*32픽셀 크기, 컬러로 표현된 비행기(Airplane), 자동차(Automobile), 새(Bird), 고양이(Cat), 사슴(Deer), 개(Dog), 개구리(Frog), 말(Horse), 배(Ship), 트럭(Truck)에 해당하는 10개의 클래스에 대한 이미지로 구성되어 있습니다. 학습용 이미지 50,000장 테스트용 이미지 10,000장으로 총 60,000장의 이미지로 이루어져 있습니다. ※ 원본 데이터와의 차이점 실제로 파일을 통해 추출된 데이터의 경우에는 학생들이 더욱 간편하게 예제들을 분석할 수 있도록 가공이 되어 있습니다. CIFAR10 데이터셋의 원본 데이터의 경우 학습용 이미지 50,000장, 테스트용 이미지 10,000장으로 구성되어 있지만, 해당 데이터셋에서는 접근성을 위해 학습/테스트 데이터셋의 비율은 유지한 채 전체 데이터의 양을 제한 하였습니다.

Ⅱ. 이미지 데이터셋

데이터셋 구성

• CIFAR10 데이터셋은 총 10개의 클래스로 구성되어 있습니다.

① 비행기(Airplane) 비행기에 대한 32*32픽셀 크기의 컬러이미지

② 자동차(Automobile) 자동차에 대한 32*32픽셀 크기의 컬러이미지

③ 새(Bird) 새에 대한 32*32픽셀 크기의 컬러이미지

④ 고양이(Cat) 고양이에 대한 32*32픽셀 크기의 컬러이미지

⑤ 사슴(Deer) 사슴에 대한 32*32픽셀 크기의 컬러이미지

⑥ 개(Dog) 개에 대한 32*32픽셀 크기의 컬러이미지.

⑦ 개구리(Frog) 개구리에 대한 32*32픽셀 크기의 컬러이미지

⑧ 말(Horse) 말에 대한 32*32픽셀 크기의 컬러이미지

⑨ 배(Ship) 배에 대한 32*32픽셀 크기의 컬러이미지

⑩ 트럭(Truck) 트럭에 대한 32*32픽셀 크기의 컬러이미지

| 03. CIFAR10 데이터셋 |

데이터셋 예시

1. 원 데이터(Raw Data)

CIFAR10 데이터셋의 경우 각각의 데이터가 하나의 이미지 파일로 구성되어 있습니다. 데이터는 아래 그림 1과 같이 분류되어 저장되어 있습니다. Train(학습)/Test(테스트) 폴더에 각각 학습용과 테스트용 이미지들이 저장되어 있으며, 각 폴더의 하위 폴더로 비행기부터 트럭까지의 클래스에 대한 이미지들이 저장되어 있습니다. 각각의 데이터는 아래 그림 2에서 나타나는 하나의 이미지라고 볼 수 있습니다. 아래 그림에서 각 열(column)에 위치한 데이터들은 같은 클래스에 속하는 이미지들을 나타내고 있습니다. CIFAR10 데이터셋의 경우엔, 학습용 이미지 50,000장 테스트용 이미지 10,000장으로 총 60,000장으로 구성되어 있습니다.

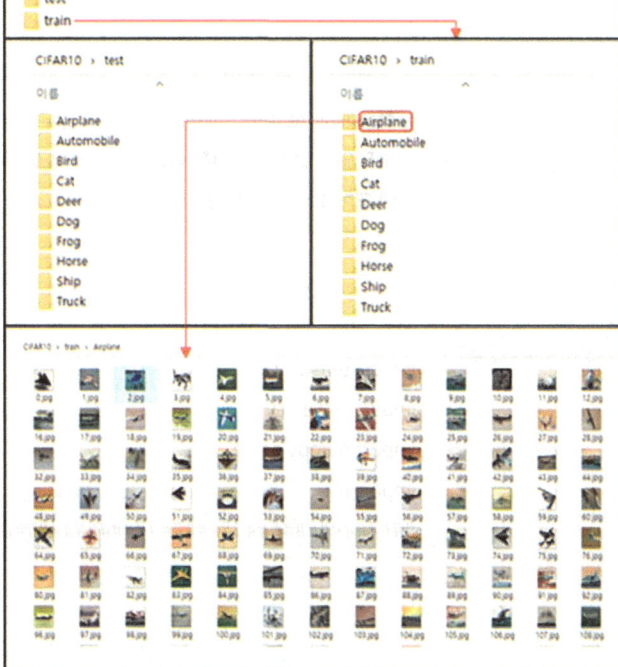

[그림 1] CIFAR10 데이터셋 저장 형태 및 경로 설명

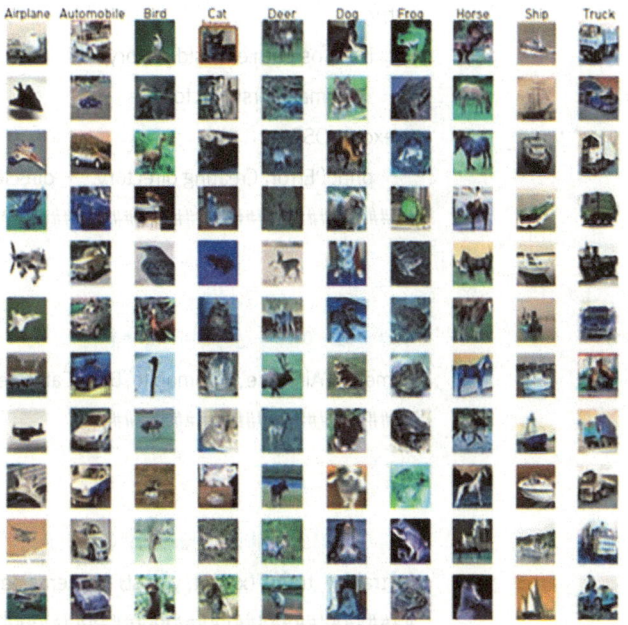

[그림 2] Fashion MNIST 데이터셋 각 클래스에 대한 이미지 예시

Ⅱ. 이미지 데이터셋

데이터셋 활용

1 전체 학습을 CIFAR10 이미지 분류하기

정해진 모델에게 학습데이터로 주어진 모든 클래스의 이미지에 대해 모델을 학습시켜 CIFAR10의 테스트 데이터를 분류해보자.

2 부분 학습을 통한 CIFAR10 이미지 분류하기

학습데이터로 주어진 10개의 클래스 중 일부에 대해서 학습을 진행한 뒤에 학습한 클래스와 학습하지 않은 클래스에 대한 데이터 모두를 테스트해보고, 인공지능에서 데이터의 중요성과 한계점에 대한 분석을 진행해보자.

데이터셋 코드

```
### 데이터 처리에 필요한 라이브러리를 선언하는 부분 ###
import tensorflow as tf
import cv2 as cv
import numpy as np
import os
#########################################


### 이미지 저장을 위한 폴더를 생성을 위한 함수 선언하는 부분 ###
def createFolder(directory):
    try:
        if not os.path.exists(directory):
            os.makedirs(directory)
    except OSError:
        print ('Error: Creating directory. ' + directory)
#########################################


### 클래스 이름을 선언하는 부분 ###
names = ['Airplane','Automobile','Bird','Cat','Deer','Dog','Frog','Horse','Ship','Truck']
###########################


### CIFAR10 데이터셋을 내려받는 부분 ###
(x_train, y_train), (x_test, y_test) = tf.keras.datasets.cifar10.load_data()
################################
```

```
### 이미지 저장을 위한 폴더를 생성하는 부분 ###
createFolder('./train')
createFolder('./test')
#########################################


### 각 클래스 데이터를 분류하여 저장하는 부분 ###
for i in range(10):
    train_path = './train/{}/'.format(names[i])
    test_path =  './test/{}/'.format(names[i])

    createFolder(train_path)
    createFolder(test_path)

    train_images=x_train[np.where(y_train == i)[0]]
    test_images=x_test[np.where(y_test == i)[0]]

    for j, train_img in enumerate(train_images):
        if j<500:
            cv.imwrite('./train/{}/{}.jpg'.format(names[i],j),train_img)

    for k,test_img in enumerate(test_images):
        if k<100:
            cv.imwrite('./test/{}/{}.jpg'.format(names[i],k),test_img)
####################################
```

데이터셋 | 이미지 데이터셋

04 Dogs vs. Cats 데이터셋

- 난이도 ★★★
- 흥미도 ★★★
- 형태 jpg 파일

Dogs vs. Cats 데이터셋은 개 또는 고양이, 두 클래스로 구성된 이미지 데이터셋입니다. 가로와 세로 크기의 픽셀은 고정되어 있지 않고 다양하게 구성되어 있으며 RGB 3채널 유색 이미지로 이루어져 있습니다. 각 픽셀값은 0~255의 정수입니다. 해당 데이터는 주로 개와 고양이를 구분하는 분류 알고리즘에서 많이 활용됩니다.

데이터셋 명
- Dogs vs. Cats 데이터셋 (Dogs vs. Cats Datasets)

데이터 카테고리
- 이미지

데이터셋 목적
- 이미지 분류(Classification) / 지도학습(Supervised Learning)

※ 분류란?
이미지 분류는 각 데이터가 속하는 사전에 정의된 항목이 존재하고, 모델은 입력데이터를 바탕으로 미리 정의된 항목 중에 입력 이미지가 속할 가능성이 가장 큰 항목을 예측하는 것입니다. Dogs vs. Cats 데이터를 예로 들면, 입력된 이미지가 개와 고양이(0 또는 1) 중 어떠한 형태에 더 가까운지 구분하는 것입니다. 이는 두 개의 클래스(항목)를 가진 이진 분류(Binary classification)에 속합니다.

데이터셋 링크
https://www.kaggle.com/c/dogs-vs-cats/overview

데이터셋 특징
- Dogs vs. Cats 데이터셋은 개 또는 고양이 이미지로 구성되어 있습니다. 학습용 이미지 25,000장과 테스트용 이미지 12,500장으로 총 37,500장의 이미지로 이루어져 있습니다.

| 04. Dogs vs. Cats 데이터셋 |

데이터셋 예시

1. 원 데이터(Raw Data)

전처리 전, 제공된 이미지 본래의 이미지들은 다음과 같습니다. 보는 것과 같이, 이미지 파일들의 크기가 모두 다릅니다. 제공되는 파일은 test1.zip, train.zip 파일이며 각각 12,500, 25,000개의 이미지를 포함합니다. 다만, test1.zip 셋에는 파일명으로 개/고양이를 구분하고 있지 않으니, 분류 딥러닝 모델을 목적으로 할 때는 train.zip의 데이터들을 일정 비율로 나누어 데이터셋을 새롭게 구성하는 것을 권장합니다. (예. 22,000(학습) : 3,000(테스트))

데이터셋 구성

- Dogs vs. Cats 데이터셋은 총 2개의 클래스로 구성되어 있습니다.
  - ① dog : 0
  - ② cat : 1

데이터셋 활용

1 이미지 시각화하기

이미지 파일들을 직접 시각화해보며 입력데이터가 정상적으로 로드되는지 눈으로 확인해볼 수 있습니다.

2 데이터셋을 구성하는 이미지들을 학습과 테스트에 사용할 수 있는 데이터로 전처리하기

해당 데이터셋의 각 이미지는 0과 255 사이의 픽셀값으로 이루어져 있고, 이미지마다 크기가 제각각입니다. 무엇보다도, 이미지들이 개 또는 고양이임을 명시해주는 라벨링(0 또는 1)이 되어 있지 않습니다. 따라서, 네트워크에서 이미지를 처리할 수 있게끔 이미지의 크기를 통일시키고, 픽셀값들을 0에서 1 사이로 변환해 주며, 개는 0, 고양이는 1(또는 그 반대)로 라벨링을 해줄 수 있습니다.

3 학습데이터, 테스트 데이터 분류하기

인공지능을 통해 학습한 회귀분석 모델의 정확성을 파악하기 위해서는 학습데이터와 테스트 데이터의 완전한 분류가 필요합니다. 이를 위해서는 주어진 데이터셋을 다양한 비율로 분류할 수 있습니다. [7(학습) : 3(테스트), 8(학습) : 2(테스트)]

4 분류 네트워크 설계하기

이제 본격적으로 딥러닝을 이용하여 네트워크를 직접 설계해 보고, 앞서 구성한 이미지 데이터들을 이용하여 해당 네트워크를 학습시키고 테스트할 수 있습니다. 테스트 결과와 네트워크의 품질을 정량화하기 위하여 분류 정확도 비율을 계산합니다.

데이터셋 코드

```
### 데이터 처리에 필요한 라이브러리를 선언하는 부분 ###
import numpy as np
import pandas as pd
import os
import torch
import torch.nn as nn
import cv2
import matplotlib.pyplot as plt
import torchvision
from torch.utils.data import Dataset, DataLoader, ConcatDataset
from torchvision import transforms
import shutil
import PIL
from PIL import Image
###########################################


### 이미지 데이터를 링크를 통해 내려받는 부분 ###
print('Beginning file download with urllib...')
url = '링크 주소'
urllib.request.urlretrieve(url, '파일 저장경로 및 파일 이름')
```

※ 다운로드 주소 선언

url = '링크 주소'부분에 원하는 링크의 주소를 입력하여 원하는 소스로부터 데이터를 내려받을 수 있습니다.

ex. url = 'https://drive.google.com/u/3/uc?id=1scy6yMRHaOLXjhRVbpD70zxk5n6SafSD&export=download'
※ 다운로드 파일 저장경로 선언
ex) './dogscats'– 현재 폴더에 저장
###

############ train, test 셋으로 나누기 ############
# 분할된 데이터들이 저장될 경로
train_dir = os.path.join(os.getcwd(), 'train')
test_dir = os.path.join(os.getcwd(), 'test')

train_set_dir = os.path.join(train_dir, 'train')
os.mkdir(train_set_dir) # 경로 생성
test_set_dir = os.path.join(train_dir, 'test')
os.mkdir(test_set_dir) # 경로 생성
###

####### 분할된 데이터들을 개/고양이로 분류하기 #######
# 파일 이름
dog_files = [f' dog.{i}.jpg' for i in range(12500)]
cat_files = [f' cat.{i}.jpg' for i in range(12500)]

분류된 파일들을 위에서 생성한 새로운 경로로 이동 및 저장하기
: train_set_dir나 valid_set_dir에 들어가보면 이미지들이 개, 고양이로 잘 분류되어 저장된 것을 확인할 수 있습니다.
for dog, cat in zip(dog_files[:11000], cat_files[:11000]):
  src = os.path.join(train_dir, dog)
  dst = os.path.join(train_set_dir, dog)
  shutil.move(src, dst)
  src = os.path.join(train_dir, cat)
  dst = os.path.join(train_set_dir, cat)
  shutil.move(src, dst)

for dog, cat in zip(dog_files[11000:12500], cat_files[11000:12500]):
  src = os.path.join(train_dir, dog)

데이터셋 코드

```
    dst = os.path.join(valid_set_dir, dog)
    shutil.move(src, dst)
    src = os.path.join(train_dir, cat)
    dst = os.path.join(valid_set_dir, cat)
    shutil.move(src, dst)
############################################


############ 이미지 전처리 함수 ############
train_transform = torchvision.transforms.Compose([
  torchvision.transforms.Resize((256,256)),
  torchvision.transforms.RandomCrop(224),
  torchvision.transforms.RandomHorizontalFlip(),
  torchvision.transforms.ToTensor(),
])
test_transform = torchvision.transforms.Compose([
  torchvision.transforms.Resize((224,244)),
  torchvision.transforms.ToTensor(),
])

※ Resize : 크기가 다른 이미지들을 256x256으로 변환하는 함수
※ RandomCrop : 랜덤하게 224크기로 자르는 함수로 zoom 효과를 줄 수 있습니다.
※ RandomHorizontalFlip : 랜덤하게 좌우 반전하는 함수로 데이터셋의 분포를 더 풍부하게 만들
어줍니다.
※ ToTensor : PIL image나 numpy array를 torch.FloatTensor로 변환하고 [0,255] 범위를 갖는
픽셀값을 [0,1]의 범위로 변환까지 해줍니다.
############################################


## 위에서 만든 transform 함수를 실질적으로 적용하는 클래스 생성 ##
class CustomDataset(torch.utils.data.Dataset):
  def __init__(self, files, root, mode='train', transform=None):
    self.files = files # 변환할 파일들
    self.root = root # 그 파일들의 위치
    self.mode = mode
    self.transform=transform # 위에서 정의한 transform 함수
    if 'dog' in files[0]: # 개면 0으로, 고양이면 1로 라벨링
```

```
        self.label = 0
    else:
        self.label = 1

  def __len__(self):
    return len(self.files)
  def __getitem__(self, index):
    img = PIL.Image.open(os.path.join(self.root, self.files[index]))
    if self.transform:
        img = self.transform(img)
    if self.mode == 'train':
        return img, np.array([self.label])
    else:
        return img, self.files[index]
```

※ CustomDataset : 즉, root에 위치한 files에 transform을 적용하고 라벨링 하여 반환하는 클래스입니다.

##

데이터 로더 생성 : 위에서 만든 클래스를 실제 데이터에 적용
용도별/라벨별 dataset 생성, 합쳐주기
```
train_dog_dataset = CustomDataset(dog_files[:11000], train_set_dir, transform=train_transform)
train_cat_dataset = CustomDataset(cat_files[:11000], train_set_dir, transform=train_transform)
test_dog_dataset = CustomDataset(dog_files[11000:], test_set_dir, transform=test_transform)
test_cat_dataset = CustomDataset(cat_files[11000:], test_set_dir, transform=test_transform)

train_dataset = torch.utils.data.ConcatDataset([train_dog_dataset, train_cat_dataset])
test_dataset = torch.utils.data.ConcatDataset([test_dog_dataset, test_cat_dataset]

# 각 데이터셋 개수 확인하기
print('number of train dataset : {}'.format(len(train_dataset)))
print('number of test dataset : {}'.format(len(test_dataset)))
```

데이터셋 코드

```
# data loader 생성
train_loader = torch.utils.data.DataLoader(train_dataset, batch_size=32, shuffle=True)
test_loader = torch.utils.data.DataLoader(test_dataset, batch_size=32, shuffle=True)
###########################################


########### 전처리 완료된 이미지 시각화 ###########
samples, labels = iter(train_loader).next()
classes = {0:' dog' , 1:' cat' }
fig = plt.figure(figsize=(16,24))
for i in range(24):
    a = fig.add_subplot(4,6,i+1)
    a.set_title(classes[labels[i].item()])
    a.axis( 'off' )
    a.imshow(np.transpose(samples[i].numpy(), (1,2,0)))
plt.subplots_adjust(bottom=0.2, top=0.6, hspace=0)
```

※ subplot : 여러 장의 이미지를 출력할 때 이미지들의 배치를 (4x6) 바둑판 배열로 합니다.
※ imshow, transpose : imshow 함수는 입력 이미지가 (가로, 세로, 채널 수(3))이어야 해서 (채널 수(3), 가로, 세로)인 raw 이미지를 해당 조건으로 바꿔주는 transpose가 필요합니다.

```
###########################################
```

데이터셋 | 이미지 데이터셋

05 SVHN 데이터셋

- 난이도 ★★★
- 흥미도 ★★★★
- 형 태 png+mat 파일

SVHN(the Street View House Numbers) 데이터셋은 MNIST 데이터셋과 마찬가지로 0부터 9까지의 숫자를 대상으로 하여 총 10개의 클래스로 구성된 데이터입니다. SVHN은 Google Street View를 통해 수집된 건물 번호 또는 표지판 이미지로, 평소에 접할 수 있는 이미지라는 점에서 손글씨로 구성된 MNIST 데이터셋과 차이가 있습니다. 흑백이 아닌 세 가지 색상 채널(RGB)로 이루어져 있고, 전처리가 된 SVHN 데이터는 가로, 세로가 32픽셀로 이루어져 있습니다. 이미지 관련 응용 분야, 특히 이미지 분류에서 많이 활용됩니다. MNIST 데이터와 비슷하지만, 더 심화된 데이터셋이므로, 성능 보완을 위한 학습에도 많이 사용됩니다.

데이터셋 명
- SVHN 데이터셋(the Street View House Numbers Datasets)

데이터 카테고리
- 이미지

데이터셋 목적
- 이미지 분류(Classification) / 지도학습(Supervised Learning)

※ 분류란?
이미지 분류는 각 데이터가 속하는 사전에 정의된 항목이 존재하고, 모델은 입력데이터를 바탕으로 미리 정의된 항목 중에 입력 이미지가 속할 가능성이 가장 큰 항목을 예측하는 것입니다. MNIST 데이터를 예를 들면, 입력된 이미지가 0부터 9까지의 숫자 중 어떠한 형태에 가장 가까운지 구분하는 것입니다. 이는 여러 개의 클래스(항목)를 가진 다중 분류(Multi-class classification)에 속합니다.

데이터셋 링크
http://ufldl.stanford.edu/housenumbers

Ⅱ. 이미지 데이터셋

데이터셋 특징

- 구글 지도를 통해 수집된 표지판 등의 숫자 이미지로 구성된 데이터셋으로, 숫자이다 보니 0부터 9까지의 10개의 숫자에 대한 이미지로 구성되어 있습니다. MNIST 데이터셋과의 차이점은 흑백의 1채널 이미지가 아닌, RGB로 구성된 3채널 이미지라는 점입니다. 표지판 사진에서 추출한 데이터이므로, 한 사진 내에 여러 숫자가 나란히 포함되는 때도 있습니다. MNIST 데이터보다 더 다양한 분포를 가지지만, 실제 현실에서 추출한 데이터이므로, 이를 통해 학습된 모델은 좀 더 높은 현실 데이터의 구분 능력을 갖추게 됩니다.

※ 원본 데이터와의 차이점
원본 링크에서는 두 개의 포맷을 지원합니다. 원본 데이터인 포맷1은 다양한 해상도로 구성되어 있습니다. 학습용으로 73,257개의 숫자, 테스트용으로 26,032개의 숫자, 그리고 더 난이도가 좀 더 낮은 extra 531,131개의 숫자로 구성되어 있습니다. 저희가 주로 사용하게 될 SVHN 데이터는 포맷2로, 이미지의 크기를 32x32 크기로 맞춘 데이터입니다. 코드에 설명된 방법대로, torchvision 라이브러리를 통해 쉽게 내려받을 수 있습니다.

데이터셋 구성

- SVHN 데이터셋은 총 10개의 클래스로 구성되어 있습니다.

Label : 0, 1, 2, 3, 4, 5, 6, 7, 8, 9

데이터셋 예시

1. Format 1
Format 1은 표지판 사진에서 모든 숫자가 전부 보이는 이미지로, 다양한 해상도(크기)로 이루어져 있습니다. 여러 데이터가 train, test, extra로 구분하여 tar.gz 파일로 저장되어 있는데, 원본 이미지를 담은 png 파일과 다양한 관련 정보를 담은 digitStruct.mat 파일로 구성되어 있습니다. mat 파일에는 사진의 이름과 숫자의 위치를 표현한 bounding box 정보가 담겨있습니다.

아래 사진은 bounding box를 구현한 결과이고, 원본 이미지는 파란색 박스가 직접 그려져 있지는 않습니다. 편의를 위해 이 원본 이미지를 직접 내려받아 처리하여 사용하지 않고 특정 라이브러리를 사용하여 format 2를 사용하겠습니다.

2. Format 2
다양한 해상도로 구성된 format 1을 다루기 쉽게 32x32 크기로 통일되게 처리한 결과가 format 2입니다. train, test, extra 종류별로 mat 파일을 내려받을 수 있고, 그 경우 이미지 X와 정답 라벨 Y로 구성되어 있습니다. torchvision 라이브러리를 통해 내려받아, 쉽게 사용할 수 있습니다.

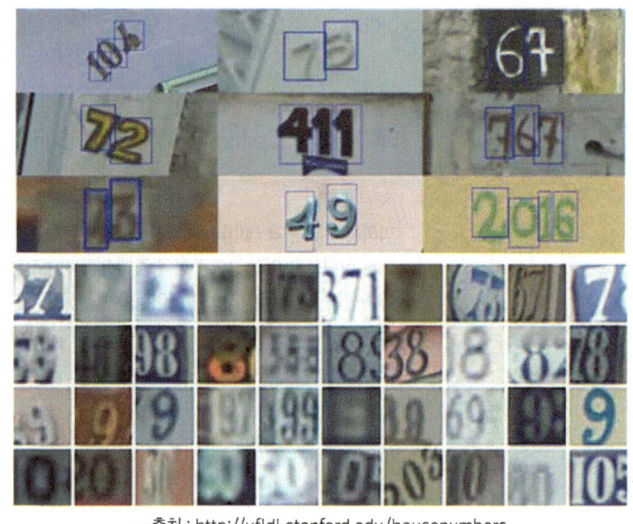

- 출처 : http://ufldl.stanford.edu/housenumbers

| 05. SVHN 데이터셋 |

데이터셋 활용

1 학습데이터, 테스트 데이터를 위한 dataloader 만들기

이미지 파일들을 직접 시각화해보며 입력데이터가 정상적으로 로드되는지 눈으로 확인해볼 수 있습니다.

Q1-1 Data Augmentation에 대해 알아보고, torchvision.transforms()의 여러 설정에 대해 알아보자.

2 분류 모델을 만들고 테스트 성능을 파악하기 – Quantitative

해당 데이터셋의 각 이미지는 0과 255 사이의 픽셀값으로 이루어져 있고, 이미지마다 크기가 제각각입니다. 무엇보다도, 이미지들이 개 또는 고양이임을 명시해주는 라벨링(0 또는 1)이 되어 있지 않습니다. 따라서, 네트워크에서 이미지를 처리할 수 있게끔 이미지의 크기를 통일시키고, 픽셀 값들을 0에서 1 사이로 변환해 주며, 개는 0, 고양이는 1(또는 그 반대)로 라벨링을 해줄 수 있습니다.

Q2-1 Convolution Neural Network에 대해 알아보자.

Q2-2 이미지 분류를 위한 모델을 구성해보자.

Q2-3 모델을 학습하는 코드를 완성하여 학습을 진행해보자.

Q2-4 학습된 모델을 파일로 저장해보자.

Q3-1 학습된 모델을 이용하여 test dataset으로 test를 진행해보자.

Q3-2 Quantitative result에 대해 알아보고, 분류 정확도를 계산하여 출력해보자.

3 분류 모델을 만들고 테스트 성능을 파악하기 – Qualitative

이미지 파일들을 직접 시각화해보며 입력데이터가 정상적으로 로드되는지 눈으로 확인해볼 수 있습니다.

Q4-1 Qualitative result에 대해 알아보고, test dataloader의 샘플 이미지를 시각화해보자.

Q4-2 모델의 예측 결과와 기존 label 값을 출력하여, 사진과 함께 성능을 비교해보자.

Q4-3 transforms를 통한 Data Augmentation의 전후 image를 직접 확인해보자.

Ⅱ. 이미지 데이터셋

데이터셋 코드

데이터 처리에 필요한 라이브러리를 선언하는 부분
import torch   %% 이미지 데이터를 다루는 데 유용한 라이브러리
from torchvision import datasets, transforms
                            %% 데이터를 불러오고 전처리를 위한 라이브러리
import os   %% 다양한 운영체제 기능을 사용하기 위한 라이브러리
import os.path as osp   %% 다운로드 등 경로 활용을 위한 라이브러리
###

SVHN을 내려받고, 데이터셋을 설정하는 부분
download_root = '파일 저장경로'
svhn_transform = transforms.Compose([transforms.ToTensor(), transforms.Normalize(mean=(0.5, 0.5, 0.5), std=(0.5, 0.5, 0.5))])

train_dataset = datasets.SVHN(download_root, transfrom = svhn_transform, train=True, download=True)
test_dataset = datasets.SVHN(download_root, transform = svhn_transform, train=False, download=True)

※ 다운로드 파일 저장경로 선언
ex) './SVHN_DATASET'- 현재 폴더에 SVHN_DATASET이라는 폴더를 만들고 그 내부에 train_32x32.mat 또는 test_32x32.mat 파일을 저장

※ datasets 다운로드 - torchvision.datasets.SVHN
첫 번째 인수는 root로 데이터셋의 저장경로를 설정합니다.
두 번째 인수는 transform으로 원하는 transform을 입력해줍니다.
세 번째 인수는 train으로 현재 dataset을 train 용도로 사용하려면 True를 입력하고, test 용도로 사용하려면 False를 입력해줍니다. 각 입력에 맞는 데이터를 활용하게 됩니다.
네 번째 인수는 download로, True로 설정 시 첫 번째 인수로 넣는 경로에 데이터를 내려받습니다. 이미 해당 경로에 데이터가 존재한다면 추가로 다운로드를 진행하지는 않습니다. False로 설정 시 첫 번째 인수의 데이터셋을 사용하게 됩니다.

※ transforms 설정 - torchvision.transforms
이미지 데이터를 원하는 대로 변환하도록 하는 설정의 모음으로, datasets의 두 번째 인수로 들어가게 됩니다.
transforms.Compose([ ]) - 내부에 transforms 설정을 여러 개 나열하여 적용되도록 할 수 있습니다.

transforms.ToTensor() – PIL 또는 numpy.ndarray 타입의 이미지를 torch 함수 사용을 위해 tensor 타입으로 변경해주는 설정입니다.
transforms.Normalize(mean=(, ,), std=(, ,)) – 3채널 이미지인 SVHN의 채널별로, 입력한 평균과 표준 편찻값으로 정규화해줍니다.
더 다양한 transforms의 설정들은 다음 링크에서 확인할 수 있습니다.
: https://pytorch.org/vision/stable/transforms.html
##

데이터셋을 쉽게 불러오는 데이터로더를 설정하는 부분
batch_size = 32
train_dataloader = torch.utils.data.DataLoader(dataset = train_dataset, batch_size = batch_size, shuffle = True)
test_dataloader = torch.utils.data.DataLoader(dataset = test_dataset, batch_size = batch_size, shuffle = True)

※ dataloader 설정 – torch.utils.data.DataLoader( )
데이터셋이 준비되었다면, 이를 batch_size로 묶거나 shuffle을 진행하는 등 정리해주는 data-loader를 설정합니다.
첫 번째 인수는 dataset으로, 불러올 dataset을 입력합니다. 이는 위에서 torchvision.datasets()로 설정한 dataset 변수 이름을 입력해줍니다. train과 test의 dataloader를 별도로 구성해줍니다.
두 번째 인수는 batch_size를 입력해줍니다. train이나 test를 진행할 때, loss를 구하고 학습하는 이미지의 개수 단위를 batch_size라고 부르는데, 원하는 크기를 입력해줍니다.
세 번째 인수는 shuffle로, True로 설정 시 이미지를 불러올 때마다 내부 순서를 섞어서 보내줍니다. test set의 경우에는 shuffle을 False로 해서 섞지 않아도 괜찮지만, train 과정에서는 정해진 순서로 학습이 계속해서 진행된다면, 모델이 해당 데이터셋의 정해진 순서에도 영향을 받아, 다른 순서나 분포를 가진 데이터를 입력받을 시 성능이 낮게 나올 수 있습니다. train_dataloader의 경우는 shuffle을 True로 해주는 것이 좋습니다.
더 다양한 Dataloader의 설정들은 다음 링크에서 확인할 수 있습니다.
: https://pytorch.org/docs/stable/data.html
################################

Dataloader를 이용해 이미지를 불러오는 방법 – train 예시 코드
num_epoch = 30
model.train()
for epoch in range(num_epoch) :

데이터셋 코드

```
for iter, (image, label) in enumerate(train_dataloader) :
    (데이터 전처리 과정. gpu용 tensor로 변경 등)
    output = model(image)
    (outputs와 label을 이용한 loss를 구하고, backward하는 과정)
```

총 num_epoch 번 만큼 학습을 진행하게 되는 코드입니다. model을 train() 상태로 변경하여 학습을 시작합니다. 내부의 괄호 친 코드는 목적에 맞게 추가할 수 있습니다.

※ epoch 의 의미?
epoch는 인공지능 모델을 학습시킬 때, 주어진 학습데이터에 대해서 학습 과정을 얼마나 반복하는지를 나타냅니다. 인공지능 학습 과정을 참고서 풀이로 생각한다면, epoch가 10으로 설정되면 참고서를 10번 반복해서 푸는 것이라고 이해할 수 있습니다. 즉, epoch 숫자가 커질수록 많은 반복 학습을 통해서 문제집의 내용을 잘 이해할 수 있습니다. 하지만 epoch의 숫자가 너무 커지면 문제를 통해 개념을 학습하기보다 정답만을 외우도록 학습이 되어 비슷한 문제 유형의 다른 문제집은 풀 수 없게 되는 문제가 발생할 수 있습니다. 따라서, 테스트 데이터에 대한 성능을 보고 적절한 epoch의 숫자를 찾는 것이 중요합니다.

※ enumerate와 for문을 이용한 데이터 접근
한 epoch란, 주어진 데이터셋의 샘플들을 전부 사용하여 학습 또는 테스트를 진행한 경우를 의미하는 단위로 사용됩니다. 한 epoch 내에서 dataloader와 for문을 이용하면, dataloader를 생성할 때 설정한 batch_size개 씩 묶여서 이미지와 라벨을 가져오게 됩니다.
이 경우, enumerate를 사용하면 iteration정보도 가져올 수 있습니다. 총 3,200개의 샘플이 존재하여, 이들을 모두 사용 시 1 epoch가 학습되었다고 할 수 있습니다. 이때, batch_size가 32개라면, 1 epoch의 학습을 위해서 100번의 iteration이 돌게 됩니다. batch_size의 단위로 코드를 돌릴 때, 몇 번째 batch인지 순서 정보도 확인할 수 있는 경우가 enumerate를 사용한 for 문입니다.
####################################

Dataloader를 이용해 이미지를 불러오는 방법 – test 예시 코드
```
num_epoch = 10
model.eval()
for epoch in range(num_epoch) :
    for image, label in test_dataloader :
        (데이터 전처리 과정. gpu용 tensor로 변경 등)
        output = model(image)
        (outputs와 label을 이용해 필요시 accuracy를 계산하는 코드)
```

num_epoch=10번만큼의 test를 진행하는 코드입니다. 괄호의 코드는 목적에 맞게 추가할 수 있습니다.

※ .eval()을 사용한 모델의 상태 변경
model.eval()을 사용 시 모델이 학습 상태가 아닌 테스트 상태로 변경되어, 다음 코드 중에서는 학습을 시도하려 해도 진행하지 않습니다. 모델은 학습 시 train 데이터셋의 특징에 과하게 학습하는 경우가 존재하는데, test 데이터셋도 학습할 경우, 공정한 결과를 얻을 수 없습니다. 미리 나올 시험 문제를 참고하여 공부하는 경우라고 볼 수 있어, 이런 model.train()과 model.eval() 설정은 신경을 써야 하는 부분입니다.

※ enumerate 없이 for문을 사용하여 dataloader에 접근
직전 예시와 달리 enumerate를 사용하지 않는다면, iteration 정보를 가져오지 않습니다. iteration 정보가 필요하다면 enumerate를 사용해도 되지만, 그것을 사용하지 않아도 image와 label을 가져올 수 있습니다.
두 경우 모두 동일하게, image는 [batch_size, channel, height, width] 차원을 가지는 tensor입니다. (transforms에서 ToTensor을 포함했을 경우)
################################

데이터셋 | 이미지 데이터셋

06 STL-10 데이터셋

| 난이도 ★★★★
| 흥미도 ★★★
| 형 태 mat/bin 파일
  추가로 png 등 저장 가능

STL-10 데이터셋은 이미지 인식 데이터셋으로, 지도학습의 분류에도 사용할 수 있지만 주목적은 비지도 학습용 데이터셋입니다. ImageNet 데이터셋에서 추출된 이미지이고, 지도학습용 이미지는 CIFAR-10 dataset에서 영감을 받아 10개의 클래스로 구성되어 있습니다. 비지도 학습용 데이터셋은 더 양도 많고 더 다양한 클래스가 존재합니다. 32x32 크기 이미지를 주로 사용하는 다른 데이터셋보다 높은 화질의 96x96 크기의 3채널 RGB 이미지로 구성되어 있습니다. 분류용 이미지는 10개 클래스에 대해서 클래스별로 학습데이터 500개, 테스트 데이터 800개의 이미지로 구성되어 있고, 비지도 학습용 이미지는 총 100,000개의 라벨이 없는 이미지로 구성되어 있습니다.

데이터셋 명
- STL-10 데이터셋

데이터 카테고리
- 이미지

데이터셋 목적
- 이미지 분류(Classification) / 지도학습(Supervised Learning)
  비지도학습(Unsupervised Learning)

※ 지도학습 vs. 비지도학습
지도학습은 인공지능이 입력에 대한 결괏값을 예측할 경우, 정해진 정답이 존재해서 그와 비교해서 가르쳐주는 학습 방법입니다. 인공지능은 정답과의 차이를 통해 학습하게 됩니다. 지도학습의 종류에는 불연속적인 정답 클래스를 예측하는 분류(Classification)와 결과 모델을 만들어 연속적인 실수 데이터를 예측하는 회귀(Regression)가 있습니다.
비지도 학습은 지도학습과 달리 정답이 없는 학습 방법입니다. 인공지능이 입력 대상의 특징(feature)을 파악하여 그 특징의 정도를 파악해서 분포를 파악해내면, 비슷한 특징을 가진 종류의 대상별로 모이게 됩니다. 이를 군집화(Clustering) 알고리즘이라고 합니다. 이러한 비지도학습은 데이터의 숨겨진 특징(feature)이나 구조를 발견되는 데 사용되고, 지도학습의 적절한 feature를 찾아내기 위한 전처리 방법으로 비지도 학습을 사용하기도 합니다. 비지도 학습을 위한 데이터에는 지도학습에서의 정답, 라벨 데이터가 없습니다.

| 06. STL-10 데이터셋 |

데이터셋 링크
https://cs.stanford.edu/~acoates/stl10/

데이터셋 특징
- STL-10 데이터셋은 ImageNet 데이터셋에서 추출된 이미지로, ImageNet의 데이터 양이 너무 방대하여 다루기 어려운 경우 사용하기 적합한 양의 데이터셋입니다. 96x96 크기의 3채널 RGB 이미지로, 이미지 분류용 데이터셋은 10개 클래스에 대하여 클래스별로 학습은 500개, 테스트는 800개씩의 이미지로 구성되어 있습니다.

- 비지도 학습은 좀 더 다양한 분포의 클래스로 100,000개의 이미지로 구성되어 있어서, 비지도학습에 주목적을 둔 데이터셋이라 할 수 있습니다. 정답을 알려주지 않는 비지도학습의 특성상 비지도 학습용 데이터에는 정답에 해당하는 라벨 데이터가 존재하지 않습니다.
STL-10 데이터셋은 torchvision 라이브러리를 통해 data를 불러올 수 있습니다.

데이터셋 구성
- STL-10 데이터셋 중 지도학습을 위한 데이터셋은 총 10개의 클래스로 구성되어 있습니다.

  ① airplane ② bird ③ car ④ cat ⑤ deer ⑥ dog ⑦ horse ⑧ monkey ⑨ ship ⑩ truck

- 비지도학습을 위한 데이터셋은 지도학습을 위한 데이터셋보다 넓은 분포를 가지도록 구성되어 있습니다. 그래서 추가로 다른 동물들 (곰, 토끼 등)이나 탈 것들 (기차, 버스 등)의 이미지도 포함되어 있습니다.

데이터셋 예시

1. 지도학습용 이미지
지도학습용 이미지는 정답인 라벨 데이터를 포함한 10개 클래스로 구성된 이미지입니다. torchvision 라이브러리를 통해 내려받는 경우, bin 포맷의 파일을 받게 되는데, 이는 datasets 모듈을 이용하여 쉽게 처리할 수 있고, 추가로 원하는 이미지에 대해 png 등의 포맷으로 이미지로 저장할 수 있습니다. 아래 예시 사진들은 구성에서 살펴본 10개의 클래스에 속한 대상들의 이미지임을 알 수 있습니다.

Ⅱ. 이미지 데이터셋

2. 비지도 학습용 이미지

크기와 채널의 구성은 1번과 같지만, 정답인 라벨 데이터를 포함하지 않는 데이터입니다. 클래스도 10개로 국한되지 않고 더 다양한 클래스의 대상 이미지가 포함되어 있습니다. 아래 예시 이 미지를 보면, 10개 클래스에 속하는 deer, ship, car도 있지만, 그 외의 클래스인 turtle, elephant, train, iguana 등의 대상도 확인할 수 있습니다. 대상의 분포가 다양하므로 더 다양한 종류의 특징 (feature)을 추출할 수 있는 데이터셋입니다.

출처: https://cs.stanford.edu/~acoates/stl10/

데이터셋 활용

1 데이터셋을 불러오고, 테스트 데이터를 validation과 테스트 데이터로 나누기

Q1-1 아래 예시 코드를 활용하여, test dataset을 분류하여 validation set과 test set으로 나누어보자.

2 분류 모델을 만들고 테스트 성능을 파악하기 - Quantitative

Q2-1 Convolution Neural Network에 대해 알아보자.

Q2-2 이미지 분류를 위한 모델을 구성해보자.

Q2-3 모델을 학습하는 코드를 완성하여 학습을 진행해보자.

Q3-1 train 하는 코드에서 한 epoch 내에 validation set을 이용한 중간 accuracy를 출력해보자.

Q3-3 train 이후, test를 진행하는 코드를 작성하여 test accuracy를 확인해보자.

| 06. STL-10 데이터셋 |

3 비지도 학습 개념에 대해 이해해보기 (심화)

Q4-1 비지도학습과 군집화(Clustering)에 대해 알아보자.

Q4-2 unlabeled STL-10 데이터셋을 불러오고, dataloader를 만들어보자. 기존 지도학습용 데이터와 어떤 차이가 있는지 알아보자.

데이터셋 코드

데이터 처리에 필요한 라이브러리를 선언하는 부분
import torch   %% 이미지 데이터를 다루는 데 유용한 라이브러리
import torchvision   %% 이미지 처리를 위한 라이브러리
from torchvision import datasets, transforms
                                    %% 데이터를 불러오고 전처리를 위한 라이브러리
import os   %% 다양한 운영체제 기능을 사용하기 위한 라이브러리
from sklearn.model_selection import StratifiedShuffleSplit
from torch.utils.data import Subset
                                    %% test set을 val과 test로 분리하기 위한 라이브러리
###

STL-10을 내려받고, 데이터셋을 설정하는 부분
download_root = '파일 저장경로'
data_transform = transforms.Compose([transforms.ToTensor()])
train_ds = datasets.STL10(download_root, split='train', transfrom = data_transform,, download=True)
test_ds0 = datasets.STL10(download_root, split='test', transform = data_transform, download=True)

※ 다운로드 파일 저장경로 선언
ex) './DATA'- 현재 풀더에 DATA이라는 폴더를 만들고 그 내부에 stl10_binary.tar.gz를 저장

※ datasets 다운로드 - torchvision.datasets.STL10
첫 번째 인수는 root로 데이터셋의 저장경로를 설정합니다.
두 번째 인수는 split으로 데이터셋 타입을 설정합니다. 'train'으로 설정 시 5,000개의 train 이미지가, 'test'로 설정 시 8,000개의 test 이미지가, 'unlabeled'로 설정 시 100,000개의 비지도 학습용 이미지의 dataset을 생성합니다.
세 번째 인수는 transform으로 원하는 transform을 입력해줍니다.
네 번째 인수는 download로, True로 설정 시 첫 번째 인수로 넣는 경로에 데이터를 내려받습니다.

데이터셋 코드

이미 해당 경로에 데이터가 존재한다면 추가로 다운로드를 진행하지는 않습니다. split 인수에서 'train', 'test', 'unlabeled'는 모두 한 압축 파일을 내려받기 때문에, 여러 번의 datasets를 불러도, 한 번만 내려받으면 됩니다. (파일 경로가 달라지면 여러 번 다운로드를 실행할 수 있습니다.) False로 설정 시 첫 번째 인수의 데이터셋을 사용하게 됩니다.

※ transforms 설정 - torchvision.transforms
이미지 데이터를 원하는 대로 변환하도록 하는 설정의 모음으로, datasets의 두 번째 인수로 들어가게 됩니다.
transforms.Compose([ ]) - 내부에 transforms 설정을 여러 개 나열하여 적용되도록 할 수 있습니다.
transforms.ToTensor() - PIL 또는 numpy.ndarray 타입의 이미지를 torch 함수 사용을 위해 tensor 타입으로 변경해주는 설정입니다.
더 다양한 transforms의 설정들은 다음 링크에서 확인할 수 있습니다.
: https://pytorch.org/vision/stable/transforms.html
##

test_dataset을 validation과 test set으로 나누는 부분
sss = StratifiedShuffleSplit(n_splits=1, test_size=0.2, random_state=0)
indices = list(range(len(test_ds0)))
label_test0 = [label for _, label in test_ds0]
for test_idx, val_idx in sss.split(indices, label_test0):

val_ds = Subset(test_ds0, val_idx)
test_ds = Subset(test_ds0, test_idx)

※ 계층적 샘플링 - StratifiedShuffleSplit(), .split()
test dataset은 총 10개 클래스에 대해 각 클래스별 800개의 이미지로 구성되어 있습니다. 무작위로 샘플을 나누어 validation set으로 분리할 경우, 데이터의 크기가 크지 않아, 클래스의 분포가 편향될 수 있습니다.

StratifiedShuffleSplit()는 계층별 그룹을 고려하여 샘플링을 진행하기 위한 라이브러리입니다. 어려운 부분이므로 더 심화하여 이해하기보다는, 지금 설명하는 부분의 흐름만 파악하여도 괜찮습니다. 첫 번째 인수는 분리한 데이터셋 세트의 개수를 의미합니다. 3을 입력 시 3개의 분리된 세트가 출력됩니다. 저희는 1개만으로 충분하므로 n_split을 1로 지정해줍니다.
두 번째 인수는 입력받는 데이터셋의 크기를 1이라 했을 때, 나눈 후 후자의 크기를 몇으로 할지 정하는 부분입니다. 0.2로 설정하여 A, B로 나뉜다면 B의 크기가 0.2에 해당하게 나뉩니다. train_size라는 인수를 통해 크기를 설정할 수도 있습니다.

세 번째 인수는 분류를 여러 번 시행 시 같은 분포 또는 다른 분포로 설정하고 싶을 때 설정할 수 있는 그룹의 개념입니다. 첫 분류의 random_state를 0으로 설정 후 두 번째 분류를 1로 설정 시, 둘의 분포는 달라집니다. 세 번째 분류의 random_state를 0으로 설정 시, 첫 번째 분류와 분포가 동일하게 됩니다. 지금은 분류를 한 번만 진행할 것이므로 아무 숫자인 0을 입력해주었습니다.

.split() 함수를 통해 분류를 진행합니다. StratifiedShuffleSplit()을 sss라는 변수에 저장해주었다면, 해당 변수의 설정을 이어와서 .split()함수를 실행할 수 있습니다.
첫 번째 인수는 분류 전의 데이터의 크기만큼의 index가 전부 담긴 리스트입니다. 해당 리스트를 분류하여 validation과 test 데이터셋을 위한 index의 list를 생성할 것입니다.
두 번째 인수는 계층적 분류를 위한, 분류 전 데이터의 라벨 데이터가 순서대로 저장된 list입니다. 각 데이터가 분류 전 데이터셋에 대해서, 순서대로 저장된 두 list를 입력으로 받아 split을 실행하게 됩니다. 위에서 n_split을 1개로 설정하였기에 분리된 이후의 image index가 담긴 test_idx와 val_idx 리스트는 1쌍이 출력됩니다.

※ index에 해당하는 이미지의 부분집합, 업데이트 공유 - Subset()

위에서 image index를 분류해서 test_idx, val_idx의 list를 만들었다면, 해당 list의 index에 해당하는 이미지들로 구성된 부분집합을 구성해야 합니다. 이때, torch.utils.data에 있는 Subset() 함수를 이용하면 분류 전인 부모 set과 업데이트를 공유하기 때문에 선호되는 방식입니다.
첫 번째 인수로 분류 전인 test_ds0 데이터셋을 받고, 두 번째 인수로 분류된 후의 index list를 넣어주면, 해당 index에 해당하는 이미지들로 구성된 dataset을 얻을 수 있습니다.
################################

데이터셋을 쉽게 불러오는 데이터로더를 설정하는 부분

batch_size = 32
train_dataloader = torch.utils.data.DataLoader(dataset = train_ds, batch_size = batch_size, shuffle = True)
val_dataloader = torch.utils.data.DataLoader(dataset = val_ds, batch_size = batch_size, shuffle = False)
test_dataloader = torch.utils.data.DataLoader(dataset = test_ds, batch_size = batch_size, shuffle = False)

※ dataloader 설정 - torch.utils.data.DataLoader( )
데이터셋이 준비되었다면, 이를 batch_size로 묶거나 shuffle을 진행하는 등 정리해주는 dataloader를 설정합니다.
첫 번째 인수는 dataset으로, 불러올 dataset을 입력합니다. train, validation, test의 dataloader를 별도로 구성해줍니다.
두 번째 인수는 batch_size를 입력해줍니다.

데이터셋 코드

- 세 번째 인수는 shuffle로, train 성능 향상을 위해서 train set은 주로 True로 설정해줍니다.
더 다양한 Dataloader의 설정들은 다음 링크에서 확인할 수 있습니다.
: https://pytorch.org/docs/stable/data.html
################################

데이터 이미지를 라벨별로 파일로 저장하는 코드
for class in range(10):
　　os.makedirs('파일 경로/{}' .format(class), exist_ok = True)
image_num=0
for image, label in train_dataloader :
　　for num in range(image.size()[0]):
　　　　torchvision.utils.save_image(image[num,:,:,:], '파일 경로/{}/{}.png' .format(label[num].item(), image_num))image_num += 1

※ os.makedirs()를 이용하여 클래스 종류별 폴더 생성하기
라벨별로 구분을 위해서는 클래스별로 폴더를 미리 생성해야 합니다. exist_ok가 True로 되어있다면, 원하는 이름의 폴더가 이미 존재하더라도 오류 없이 코드가 진행됩니다.

※ torchvision.utils.save_image를 이용하여 라벨별로 이미지 파일로 저장하기
train또는 test의 dataloader로 image와 label을 불러오면, 0번째 차원은 미리 설정한 batch_size개의 차원을 가집니다. 이대로 save_image를 진행하면, 한 batch가 묶여서 파일로 저장되므로, 다시 한번 for문을 거쳐서 이미지별로 저장하는 것이 필요합니다. 원하는 파일 경로 이후에 위에서 class 별로 만든 폴더에, 이미지의 라벨별로 이미지를 분류하여 저장할 수 있습니다.
문자열 표현 중 {}를 포함한 뒤, .format()을 이어붙여 순서대로 값을 대입할 수 있습니다.
　'{}+{}={}' .format(1, 2, 1+2) → '1+2=3' 으로 출력됩니다.
################################

데이터셋 | 이미지 데이터셋

07 PASCAL VOC 데이터셋

- 난이도 ★★★★★
- 흥미도 ★★★★
- 형태 jp8 파일

PASCAL VOC 데이터셋은 사람, 동물, 사물 등으로 구성된 이미지 데이터셋으로, 대표적인 객체 검출 데이터셋입니다. 하나의 이미지 안에는 다양한 클래스의 두 개 이상의 객체가 존재할 수 있습니다. 데이터셋 안에는 원본 이미지뿐만 아니라 이미지 내 물체의 위치와 크기를 표현하는 바운딩박스 정보(물체 중심의 x, y 좌표와 가로, 세로 길이)와 같은 물체들을 동일한 영역 또는 색으로 표현한 이미지도 포함하고 있습니다.

※ 데이터를 내려받고 전처리하는 과정에 많은 시간이 필요합니다.

데이터셋 명
- Pascal VOC 데이터셋 (Pascal VOC Dataset)

데이터 카테고리
- 이미지

데이터셋 목적
- 객체 검출(Object Detection)

※ 객체 검출(Object detection)이란?
객체 검출이란 보편적으로 분류(Classification)와 이미지 내에서 물체의 위치를 찾는 작업(Localization)이 동시에 수행되는 것을 의미합니다. 모델의 학습 목적에 따라서 특정 객체만 검출하는 경우도 있고, 여러 개의 객체를 검출하는 다중객체 검출 (Multi object detection) 모델을 만들기도 합니다.

데이터셋 링크
https://pjreddie.com/projects/pascal-voc-dataset-mirror/

데이터셋 특징

- Pascal VOC 데이터셋은 한 개 이상의 객체가 존재하는 이미지들과 동일한 객체들을 색 등으로 구분해 놓은 이미지들로 구성되어 있습니다. VOC2007의 경우, 객체 12,608개를 포함하는 이미지 5,011장으로 구성되어 있고, VOC2012의 경우, 객체 27,450개를 포함하는 이미지 11,540장으로 이루어져 있습니다. semantic 이미지는 VOC2007의 경우, 객체 1,215개를 포함하는 이미지 422장, VOC2012의 경우, 객체 6,929개를 포함하는 이미지 2,913장으로 이루어져 있습니다.

데이터셋 구성

- Pascal VOC 데이터셋은 총 20개의 클래스로 구성되어 있습니다.

  - aeroplane : 0, bicycle : 1, bird : 2, boat : 3
  - bottle : 4, bus : 5, car : 6, cat : 7,
  - chair : 8, cow : 9, diningtable : 10, dog : 11
  - horse : 12, motorbike : 13, person : 14, pottedplant : 15
  - sheep : 16, sofa : 17, train : 18, tvmonitor : 19

데이터셋 예시

1. 원 데이터 (Raw Data)

데이터셋 코드는 (구글에서 제공하는)colab에서의 코드로 직접 내려받은 데이터셋의 경로를 지정해서 이용하는 것이 아니라 코드를 내에서 데이터셋을 내려받게 됩니다. 내려받은 데이터는 학습데이터 2,501장, 검증데이터 4,952장으로 구성되어 있습니다. 전처리 전, 제공된 이미지 본래의 이미지들은 다음과 같습니다. 보는 것과 같이, 이미지 파일들의 크기와 가로/세로 비율이 모두 다릅니다. 이러한 데이터를 인공지능 모델에서 활용하기 위해서는 가로/세로 비율을 유지하면서 크기가 동일하도록(예. 600x600) 처리해 줘야 합니다.

2. 바운딩박스 (Bounding Box)

이미지마다 포함하는 객체의 바운딩 박스와 그 객체의 클래스 정보를 수반합니다. 먼저, 바운딩 박스는 xml 파일 형식으로 구성되어 있으므로, 코드에서 이를 딕셔너리형태로 변환합니다. 변환 결과 바운딩박스 정보는 중심좌표와 가로, 세로 길이 [cx, cy, W, H]의 4개의 값으로 표현됩니다.

3. 클래스 (Class)

다음으로 클래스는 바운딩박스가 가리키는 객체의 클래스를 표현하고 앞서 설명했듯 0~19까지의 숫자로 표현합니다.
인공지능 모델에서 활용하기 위해서는 가로/세로 비율을 유지하면서 크기가 동일하도록(예. 600x600) 처리해 줘야 합니다.

데이터셋 활용

1 이미지 시각화하기

이미지 파일들을 직접 시각화해보며 입력데이터가 정상적으로 로드되는지 눈으로 확인해볼 수 있습니다.

2 데이터셋에 저장된 바운딩 박스를 시각화하기

각 이미지에는 여러 개의 객체를 포함할 수 있고 그에 따라 객체를 탐지하는 바운딩 박스 역시 다중으로 존재합니다. 데이터셋 안에는 각 이미지에 해당하는 바운딩 박스 정보 역시 포함되는데 이는 중심좌표와 가로, 세로 길이 [cx, cy, W, H] 4개의 값으로 표현됩니다. 이 값들과 draw 내장 라이브러리를 이용하여 객체 검출 전 이미지가 포함하는 객체들을 클래스마다 다른 색과 라벨링으로 바운딩박스를 그려볼 수 있습니다.

3 객체 검출 (Object Detection)

주어진 이미지와 바운딩박스 정보를 이용하여 네트워크가 이미지에 포함된 객체들을 마찬가지의 바운딩박스로 검출할 뿐만 아니라 클래스 분류까지 수행하도록 학습시킬 수 있습니다.

데이터셋 코드

※ colab에서 활용 시 아래와 같이 모듈 설치가 필요합니다.
※ VOC2007을 이용한 코드입니다.

```
######## 데이터 처리에 모듈 다운로드 부분 ########
# transforms를 위한 모듈
!pip install -U albumentations
#########################################

### 데이터 처리에 필요한 라이브러리를 선언하는 부분 ###
from torchvision.datasets import VOCDetection
from torchvision.transforms.functional import to_tensor, to_pil_image
import torch
from PIL import Image, ImageDraw, ImageFont
import os
import xml.etree.ElementTree as ET
from typing import Any, Callable, Dict, Optional, Tuple, List
import warnings
```

데이터셋 코드

```python
import tarfile
import collections
import numpy as np
import matplotlib.pyplot as plt
%matplotlib inline
from albumentations.pytorch.transforms import ToTensorV2 as ToTensor
import torchvision.transforms as transforms
from torch.utils.data import Dataset
from torch.utils.data import DataLoader
import cv2
from torch import optim
import albumentations as A
import os
##########################################

########## VOC 2007 dataset을 저장할 위치 ##########
path2data = '/content/voc'
if not os.path.exists(path2data):
    os.mkdir(path2data)
##########################################


############ 클래스 정의 ############
# VOC class names
classes = [
    "aeroplane", "bicycle", "bird", "boat", "bottle",
    "bus", "car", "cat", "chair", "cow",
    "diningtable", "dog", "horse", "motorbike", "person",
    "pottedplant", "sheep", "sofa", "train", "tvmonitor"
]
##########################################


#### 데이터셋을 처리하기 간편한 형태로 바꿔주는 클래스 생성 ####
class myVOCDetection(VOCDetection):
    def __getitem__(self, index):
        img = np.array(Image.open(self.images[index]).convert('RGB'))
        target = self.parse_voc_xml(ET.parse(self.annotations[index]).getroot()) # xml파일
```

- 분석하여 dict으로 받아오기

```python
    targets = [] # 바운딩 박스 좌표
    labels = [] # 바운딩 박스 클래스

    # 바운딩 박스 정보 받아오기
    for t in target['annotation']['object']:
        label = np.zeros(5)
        label[:] = t['bndbox']['xmin'], t['bndbox']['ymin'], t['bndbox']['xmax'], t['bndbox']['ymax'], classes.index(t['name'])

        targets.append(list(label[:4])) # 바운딩 박스 좌표
        labels.append(label[4])         # 바운딩 박스 클래스

    if self.transforms:
        augmentations = self.transforms(image=img, bboxes=targets)
        img = augmentations['image']
        targets = augmentations['bboxes']

    return img, targets, labels

# xml 파일을 dictionary로 반환
def parse_voc_xml(self, node: ET.Element) -> Dict[str, Any]:
    voc_dict: Dict[str, Any] = {}
    children = list(node)
    if children:
        def_dic: Dict[str, Any] = collections.defaultdict(list)
        for dc in map(self.parse_voc_xml, children):
            for ind, v in dc.items():
                def_dic[ind].append(v)
        if node.tag == "annotation":
            def_dic["object"] = [def_dic["object"]]
        voc_dict = {node.tag: {ind: v[0] if len(v) == 1 else v for ind, v in def_dic.items()}}
    if node.text:
        text = node.text.strip()
        if not children:
            voc_dict[node.tag] = text
    return voc_dict
###########################################
```

Ⅱ. 이미지 데이터셋

데이터셋 코드

```
############ 데이터셋 생성 ############
# 위에서 정의한 클래스를 이용하여 데이터셋을 생성합니다.
train_ds = myVOCDetection(path2data, year='2007', image_set='train', download=True)
# 2,501장
val_ds = myVOCDetection(path2data, year='2007', image_set='test', download=True) #
4,952장
#############################################

################ 시각화 ################
# 샘플 이미지 확인
index = 0 # 원하는 이미지
img, target, label = train_ds[index]
colors = np.random.randint(0, 255, size=(80,3), dtype='uint8') # 바운딩 박스 색상

# 시각화 함수
def show(img, targets, labels, classes=classes):
    img = to_pil_image(img)
    draw = ImageDraw.Draw(img)
    targets = np.array(targets)
    W, H = img.size

    for tg,label in zip(targets,labels):
        id_ = int(label) # class
        bbox = tg[:4]    # [x1, y1, x2, y2]
        color = [int(c) for c in colors[id_]]
        name = classes[id_]

# 바운딩 박스를 그립니다.
        draw.rectangle(((bbox[0], bbox[1]), (bbox[2], bbox[3])), outline=tuple(color), width=3)
# 바운딩 박스에 해당 객체가 속하는 클래스를 문자로 표시합니다.
        draw.text((bbox[0], bbox[1]), name, fill=(255,255,255,0))
    plt.imshow(np.array(img))
plt.figure(figsize=(10,10))
show(img, target, label)
#########################################
```

############### 이미지 전처리 ###############
# 앞서 불러온 데이터들을 동일한 사이즈로 변형하는 전처리 과정이 필요합니다.
# transforms 정의
IMAGE_SIZE = 600
scale = 1.0

# 이미지에 padding을 적용하여 종횡비를 유지시키면서 크기가 600x600 되도록 resize 합니다.
train_transforms = A.Compose([
    A.LongestMaxSize(max_size=int(IMAGE_SIZE * scale)),
    A.PadIfNeeded(min_height=int(IMAGE_SIZE*scale),
min_width=int(IMAGE_SIZE*scale),border_mode=cv2.BORDER_CONSTANT),
    ToTensor()],
    bbox_params=A.BboxParams(format='pascal_voc', min_visibility=0.4,
label_fields=[]))

val_transforms = A.Compose([
    A.LongestMaxSize(max_size=int(IMAGE_SIZE * scale)),
    A.PadIfNeeded(min_height=int(IMAGE_SIZE*scale),
min_width=int(IMAGE_SIZE*scale),border_mode=cv2.BORDER_CONSTANT),
    ToTensor()],
    bbox_params=A.BboxParams(format='pascal_voc', min_visibility=0.4,
label_fields=[]))

# transforms 적용하기
train_ds.transforms = train_transforms
val_ds.transforms = val_transforms
###

데이터 로더 생성 : 위에서 만든 클래스를 실제 데이터에 적용
train_dl = DataLoader(train_ds, batch_size=4, shuffle=True) # 2501
val_dl = DataLoader(val_ds, batch_size=4, shuffle=True) # 4952
###

########### 전처리 완료된 이미지 시각화 ###########
n = 64 # 원하는 이미지
# dataset의 n번째 데이터의 0번째 index는 이미지입니다.
plt.imshow(train_dl.dataset[n][0].permute(1,2,0))

데이터셋 코드

※ imshow, transpose : imshow 함수는 입력 이미지가 (가로, 세로, 채널수(3))이어야 하기 때문에 (채널수(3), 가로, 세로)인 raw 이미지를 해당 조건으로 바꿔주는 transpose가 필요합니다.

dataset의 n번째 데이터의 1번째 index는 바운딩박스 정보입니다.
dataset의 n번째 데이터의 2번째 index는 클래스입니다.
예를 들어, 위 이미지의 개(11)를 포함하는 바운딩박스의 중심좌표는 (352.79, 262.2)이며

```
[(352.79999999999995, 262.2, 600.0, 525.0),
 (133.2, 181.79999999999998, 500.4, 525.0)],
[11.0, 14.0])
###########################################
```

########## 가공된 학습용/테스트용 이미지 저장하기 ##########
# train image set을 저장할 위치
train_dir = '/content/train'
if not os.path.exists(train_dir):
    os.mkdir(train_dir)

n = len(train_dl)
for i in range(n) :
    save_image(train_dl.dataset[i][0]/255, train_dir + '/train_{}.png'.format(i))

# test image set을 저장할 위치
test_dir = '/content/test'
if not os.path.exists(test_dir):
    os.mkdir(test_dir)

n = len(val_dl)
for i in range(n) :
    save_image(val_dl.dataset[i][0]/255, train_dir + '/test_{}.png'.format(i))
###

데이터셋 | 이미지 데이터셋

08 Horse to Zebra 데이터셋

- 난이도 ★★★★
- 흥미도 ★★★
- 형 태 jpg+csv 파일

Horse to Zebra 데이터셋은 939개의 Wild Horse(말) 이미지 데이터셋과 1177개의 Zebra(얼룩말) 이미지 데이터셋으로 이루어져 있습니다. (ImageNet으로부터 wild horse, zebra 의 두 키워드로 다운로드 받았다고 합니다.) 모양은 비슷하면서도 스타일이 다른 두 데이터셋으로, Cycle GAN 등을 학습시키는 데 사용되었습니다. Cycle GAN과 같이, 이미지 생성 모델을 학습시키는 데 적합한 데이터셋입니다.

데이터셋 명
- 말, 얼룩말 데이터셋(Horse2zebra dataset)

데이터 카테고리
- 이미지

데이터셋 목적
- 스타일 이전(Style Transfer) / 비지도학습(Unsupervised Learning)

※ 스타일 이전이란?
스타일 이전이란, 어떤 이미지의 형태 등의 콘텐츠는 유지하면서 질감이나 색감 등의 스타일을 이전하는 이미지 처리 기법입니다. 컴퓨터 비전에서도 높은 수준의 영상 처리라고 할 수 있습니다.

※ 비지도학습이란?
비지도학습이란, 정답이 정해지지 않은 데이터를 활용하여 모델을 학습시키는 것입니다. 입력 데이터와 그에 해당하는 라벨이 주어지지 않으므로, 라벨을 바탕으로 학습을 진행하지 못합니다. 이번 데이터셋에서는 두 분류의 이미지가 서로 다른 폴더에 저장되어 있기 때문에, 특정 데이터가 Horse인지 Zebra인지는 마치 라벨이 있는 것처럼 구분이 가능합니다. 하지만, 원하는 작업인 스타일 이전은 원하는 결과가 입력 이미지를 분류하는 것이 아니라 이미지의 스타일이 바뀐 이미지를 출력으로 원하는 것입니다. 그런데 이런 출력 이미지가 주어지지 않으므로 라벨이 없는 비지도 학습이라고 할 수 있습니다.

데이터셋 링크
https://people.eecs.berkeley.edu/~taesung_park/CycleGAN/datasets/

Ⅱ. 이미지 데이터셋

데이터셋 특징

- Horse2zebra 데이터셋은 말과 얼룩말의 두 클래스의 이미지가 서로 다른 폴더로 분류되어 제공됩니다. 학습 데이터와 테스트 데이터도 각 클래스 별로 구분되어 제공됩니다. 학습 데이터와 테스트 데이터는 9:1 의 비율로 나뉘어 있습니다. 말과 얼룩말의 데이터 비율은 45:55 로 얼룩말 데이터가 더 많습니다.

- 이 데이터셋은 ImageNet을 출처로 두고 있습니다. wild horse와 zebra를 키워드로 ImageNet 이미지들을 불러오고, 이를 전처리하여 만든 데이터셋입니다. 데이터셋을 만들 때, 전처리로써 모든 이미지들을 256×256픽셀로 만들었습니다.

  ※ ImageNet이란?
  ImageNet이란, 딥러닝이 많은 관심을 받게된 이유 중 하나로서, 어떠한 사진을 보여주었을 때, 그 사진이 무엇인지 맞추는 프로그램을 만드는 프로젝트입니다. 1000개의 클래스를 가지는 100만장의 이미지를 인식하여 그 정확도를 겨루는 대회로 진행되었고, AlexNet, VGGNet 등 유명한 CNN 모델들이 사용한 데이터셋입니다.

데이터셋 구성

- Pascal VOC 데이터셋은 총 20개의 클래스로 구성되어 있습니다.

  ① TrainA 말(Horse) 이미지로 이루어진 학습 데이터
  ② TrainB 얼룩말(Zebra) 이미지로 이루어진 학습 데이터
  ③ TestA   말(Horse) 이미지로 이루어진 테스트 데이터
  ④ TestB   얼룩말(Zebra) 이미지로 이루어진 테스트 데이터

데이터셋 예시

1. **원 데이터 (Raw Data)**

   JPG 이미지 파일은 모두 256×256픽셀을 가지고 있습니다. JPG 이미지 파일의 예시는 다음과 같습니다.

   Horse 이미지

   Zebra 이미지

   출처: https://people.eecs.berkeley.edu/~taesung_park/CycleGAN/datasets/

| 08. Horse to Zebra 데이터셋 |

데이터셋 활용

1 분류 모델 학습시키기

해당 데이터셋은 스타일 이전 모델에 사용될 때에는 라벨이 사용되지 않는 비지도학습 데이터의 성격이 있습니다. 하지만 말(Horse)과 얼룩말(Zebra)을 구분하여 분류하는 분류기로도 사용될 수 있습니다. 이때의 라벨은 A(Horse)와 B(Zebra)입니다.

Q1-1 말(Horse)과 얼룩말(Zebra)을 분류하는 분류기(Classifier)를 만들어보자.

2 생성모델에 대한 이해

생성모델은 데이터를 자유롭게 변형하거나 새로운 데이터를 생성하는데 활용됩니다. 그 중 하나의 예시가 교과서에 제시된 스타일 트랜스퍼입니다. Zebra2Horse 데이터셋은 스타일 트랜스퍼에 활용되는 기초적인 데이터셋의 하나입니다. 이를 활용하기 위해서 교과서 내용을 바탕으로 생성 모델 및 스타일 트랜스퍼 모델에 대한 이해해봅시다.

인공지능과 미래사회 p.247

3 스타일 이전(Style Transfer) 모델 학습시키기

스타일 이전 모델은 대표적으로 다양한 모델이 있지만, 대표적인 Cycle GAN을 학습시켜볼 수 있습니다. Horse2zebra 데이터셋에는 짝 지어지는 한 쌍의 데이터(paired data)가 있는 것이 아니고, 짝이 지어지지 않는 데이터(unpaired data)입니다. 따라서 짝이 없는 데이터로 학습이 가능한 Cycle GAN을 학습시키기에 적합합니다.

Q2-1 Cycle GAN 모델을 만들어 학습시켜보자. **Q2-2** 스타일을 서로 바꾸어 다시 학습시켜보자.

---

2. CSV 파일 예시

CSV 파일의 경우 아래와 같이 표의 형태로 표현되어 있습니다. 이때, 각 열(Column)은 데이터의 속성(image_id, domain, split, image_path)를 나타내고 있으며, 각 행(Row)은 각 이미지에 대한 데이터를 나타내고 있습니다.

	image_id	domain	split	image_path
0	n02381460_1000	B (Zebra)	test	testB/n02381460_1000.jpg
1	n02381460_1001	A (Horse)	train	trainA/n02381460_1001.jpg
2	n02381460_1002	A (Horse)	train	trainA/n02381460_1002.jpg
3	n02381460_1003	A (Horse)	train	trainA/n02381460_1003.jpg
4	n02381460_1006	A (Horse)	train	trainA/n02381460_1006.jpg

데이터의 속성 중 'image_id'는 이미지의 파일 이름이고, 'domain'은 해당 이미지가 포함하고 있는 객체가 A (Horse) 인지 B (Zebra) 인지를 구분하고 있습니다. 또한 'split'은 해당 데이터가 학습을 위한 데이터(train)인지, 혹은 테스트를 위한 데이터(test)인지를 구분하고 있고, 마지막으로 'image_path'는 해당 데이터의 완전한 경로 및 파일명입니다.

3. CSV 시각화 데이터

시각화 데이터의 경우 각 원본 데이터에서 각 열에 해당하는 데이터의 속성 중 domain과 split을 기준으로 데이터의 분포를 나타낸 것입니다. domain 별로는 A (Horse)가 대다수를 차지하고, B (Zebra)는 소수입니다. split 별로 보았을 때에는 train 데이터와 test 데이터의 개수가 9:1의 비율을 가지는 것을 확인할 수 있습니다.

출처: https://www.kaggle.com/kerneler/starter-horse2zebra-dataset-04dd07f8-b

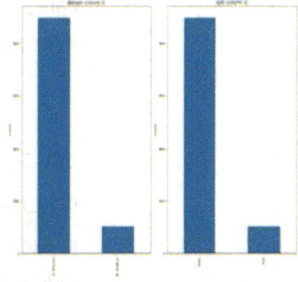

데이터셋 코드

데이터 처리에 필요한 라이브러리를 선언하는 부분
```
import numpy as np %% 숫자 계산을 위한 라이브러리
import os %% 디렉토리에 접근하기 위한 라이브러리
import pandas as pd %% csv 파일 처리를 위한 라이브러리
import csv %% csv 파일 저장을 위한 라이브러리
import PIL
from PIL import Image %% 이미지 읽기를 위한 라이브러리
import urllib.request %% 링크를 통한 다운로드를 위한 라이브러리
import torch
import torchvision
from torchvision importtransforms, datasets
###########################################
```

링크를 통해 데이터 다운로드하는 부분
```
url= 'https://people.eecs.berkeley.edu/~taesung_park/CycleGAN/datasets/horse2zebra.zip' %% 링크주소
data_root = 'C:\폴더 경로와 폴더 이름'
urllib.request.urlretrieve(url, data_root)
###############################
```

CSV 파일 읽어오는 부분
```
data_root_csv = data_root + '/폴더이름/파일이름' %% csv 파일 경로와 파일명을 선언
df = pd.read_csv(data_root_csv, names=['image_id', 'domain', 'split', 'image_path'] )
nRow, nCol = df.shape %% csv 파일의 행, 열 개수
df_1 = df.head(100) %% 앞부분 100개의 데이터만 다룬다면 이렇게 인덱싱.

※ 저장경로 + 파일명 예시
data_root_csv  = ".\home\project\horse2zebra\metadata.csv"
########################
```

다운로드된 JPG 이미지 파일을 불러오는 부분
```
data_root_jpg = data_root + '\폴더이름\파일 이름' %% jpg 파일 경로와 파일명을 선언
image = Image.open(data_root_jpg) %% 이미지 파일 불러오기.
############################################
```

다운로드된 JPG 이미지를 Resizing 하는 코드
resize_transform = transforms.Compose([transforms.Resize((100, 100)), %% 크기를 100x100 으로 resizing
                    transforms.ToTensor(),
                    transforms.Normalize(mean=(0.5, 0.5, 0.5), std=(0.5, 0.5, 0.5))
])

dataset = datasets.ImageFolder(root = data_root_jpg ,
                    transform = resize_transform)

batch_size = 8 %% 임의로 설정했습니다. 배치 사이즈를 설정하세요.
resize_dataloader = torch.utils.data.DataLoader(dataset = dataset, batch_size= batch_size, shuffle = False)
####################################

Resized 이미지를 파일로 저장하는 코드
resized_dir = os.path.join(os.getcwd(), 'train')
os.makedirs('파일경로\horse', exist_ok=True)
os.makedirs('파일경로\zebra', exist_ok=True)

for image in resize_dataloader:
    image_num = 0
    torchvision.utils.save_image(image, '파일경로\horse\{}'.format(image_num))
    image_num += 1

※ os.makedirs()를 이용하여 클래스 종류별 폴더 생성하기
라벨별로 구분을 위해서는 클래스 별로 폴더를 미리 생성해야 합니다. exist_ok가 True로 되어 있다면, 원하는 이름의 폴더가 이미 존재하더라도 오류없이 코드가 진행됩니다.
##################################

데이터셋 | 이미지 데이터셋

09 한국 음식 이미지 데이터셋

- 난이도 ★★★
- 흥미도 ★★★★
- 형태 jpg 파일

한국 음식 이미지 데이터셋은 한국 과학기술원에서 구축한 데이터로 해외 위주의 데이터에서 탈피하여 국내 인공지능 기술의 발전을 위해 인공지능 데이터의 국산화로 제작된 다양한 데이터중 하나입니다. 27종의 한국 음식 분류(구이, 김치, 떡, 면, 밥, 쌈, 국, 나물, 만두, 무침, 볶음, 회 등) 에 속하는 총 150 가지의 한국 음식분류를 위한 데이터셋으로 각 음식 종류 별로 약 1,000 장의 이미지를 포함하고 있어 총 150,000장의 이미지로 구성되어 있습니다. ※ 데이터를 다운로드하는 과정에 많은 시간을 필요로 합니다.

데이터셋 명
- 한국 음식 이미지 데이터셋

데이터 카테고리
- 이미지

데이터셋 목적
- 이미지 분류(Classification) / 지도학습(Supervised Learning)

데이터셋 링크
- https://aihub.or.kr/aidata/13594

데이터셋 특징
- 한국 음식 이미지 데이터셋은 27종의 한국 음식 분류(구이, 김치, 떡, 면, 밥, 쌈, 국, 나물, 만두, 무침, 볶음, 회 등) 에 속하는 총 150 가지의 한국 음식분류를 위한 데이터셋으로 각 음식 종류 별로 약 1,000 장의 이미지를 포함하고 있어 총 150,000장의 이미지로 구성되어 있습니다.

※ 원본 데이터와의 차이점
실제로 파일을 통해 추출된 데이터의 경우에는 학생들이 더욱 간편하게 예제들을 분석할 수 있도록 가공이 되어있습니다. 한국 음식 이미지 데이터셋의 원본 데이터의 경우 각 음식 별로 1,000장의 이미지로 구성되어 총 150종의 음식에 대해 150,000 이미지로 이루어져있지만 해당 데이터셋에서는 접근성을 위해 각 클래스당 이미지를 600장으로 제한하고 음식 이미지의 사이즈를 최대 256×256픽셀로 제한하였습니다. 이 때, 학습/테스트 데이터는 각 이미지 별로 500/100장으로 구성하였습니다.

| 09. 한국 음식 이미지 데이터셋 |

데이터셋 구성

- 축소 가공된 한국 음식 이미지 데이터셋은 총 12개의 음식 클래스로 구성되어 있습니다.

① 삼겹살   다양한 크기 및 배경을 가진 삼겹살에 대한 이미지

② 깍두기   다양한 크기 및 배경을 가진 깍두기에 대한 이미지

③ 꿀떡   다양한 크기 및 배경을 가진 꿀떡에 대한 이미지

④ 라면   다양한 크기 및 배경을 가진 라면에 대한 이미지

⑤ 주먹밥   다양한 크기 및 배경을 가진 주먹밥에 대한 이미지

⑥ 보쌈   다양한 크기 및 배경을 가진 보쌈에 대한 이미지

⑦ 육개장   다양한 크기 및 배경을 가진 육개장에 대한 이미지

⑧ 가지볶음   다양한 크기 및 배경을 가진 가지볶음에 대한 이미지

Ⅱ. 이미지 데이터셋

⑨ 만두 — 다양한 크기 및 배경을 가진 만두에 대한 이미지

⑩ 도토리묵 — 다양한 크기 및 배경을 가진 도토리묵에 대한 이미지

⑪ 떡볶이 — 다양한 크기 및 배경을 가진 떡볶이에 대한 이미지

⑫ 식혜 — 다양한 크기 및 배경을 가진 식혜에 대한 이미지

데이터셋 예시

1. 원 데이터(Raw Data)

한국 음식 이미지 데이터셋의 경우 각각의 데이터가 하나의 이미지 파일로 구성되어 있습니다. 데이터는 아래 [그림 1]과 같이 분류되어 저장되어 있습니다. Train(학습)/Test(테스트) 폴더에 각 각 학습용과 테스트용 이미지들이 저장되어 있으며, 각 폴더의 하위 폴더로 12가지 음식 클래스에 대한 이미지들이 저장되어 있습니다. 제공되는 코드를 통해 가공된 한국 음식 이미지 데이터셋의 경우엔, 학습용이미지 6,000장 테스트용 이미지 1,200장으로 총 7,200장으로 구성되어 있습니다.

| 09. 한국 음식 이미지 데이터셋 |

데이터셋 활용

1 온전한 학습을 통해 한국 음식 이미지 데이터셋 분류하기

정해진 모델에 학습데이터로 주어진 모든 클래스의 이미지에 대해 모델을 학습시켜 한국 음식 이미지의 테스트 데이터를 분류해보자.

2 부분 학습을 통해 한국 음식 이미지 데이터셋 분류하기

학습데이터로 주어진 10개의 클래스 중 일부에 대해서 학습을 진행한 뒤에 학습한 클래스와 학습하지 않은 클래스에 대한 데이터 모두를 테스트해보고, 인공지능에서 데이터의 중요성과 한계점에 대한 분석을 진행해보자.

데이터셋 코드

```
### 데이터 처리에 필요한 라이브러리를 선언하는 부분 ###
import os
import zipfile
import glob
import numpy as np
import cv2
#########################################

### 이미지 저장을 위한 폴더를 생성을 위한 함수 선언하는 부분 ###
def createFolder(directory):
    try:
        if not os.path.exists(directory):
            os.makedirs(directory)
    except OSError:
        print('Error: Creatingdirectory. ' + directory)
################################################

### 이미지를 불러오기 위한 함수를 선언하는 부분 ###
def imread(filename, flags=cv2.IMREAD_COLOR, dtype=np.uint8):
    try:
        n = np.fromfile(filename, dtype)
        img = cv2.imdecode(n, flags)
        return img
    except Exception as e:
        print(e)
        return None
#########################################
```

이미지를 저장하기 위한 함수를 선언하는 부분
```
def imwrite(filename, img, params=None):
    try:
        ext = os.path.splitext(filename)[1]
        result, n = cv2.imencode(ext, img, params)
        if result:
            with open(filename, mode='w+b') as f:
                n.tofile(f)
                return True
        else:
            return False
    except Exception as e:
        print(e)
        return False
#################################################
```

음식 이미지에서 추출할 음식 분류 및 이름을 선언하는 부분
```
category_list = ['구이', '김치', '떡', '면', '밥', '쌈', '국', '나물', '만두', '무침', '볶음', '음청류']
food_list = ['삼겹살', '깍두기', '꿀떡', '라면', '주먹밥', '보쌈', '육개장', '가지볶음', '만두', '도토리묵', '떡볶이', '식혜']
#################################################
```

다운로드한 음식 파일 압축을 해제하는 부분
```
zips = zipfile.ZipFile('./한국 음식 이미지/kfood.zip')
directory = './한국 음식 이미지/'

createFolder('./한국 음식 이미지/images')
########################################

zipInfo = zips.infolist()
```
미리 선언한 분류에 대한 음식 이미지 추출하여 저장하는 부분
```
for member in zipInfo:
    member.filename = member.filename.encode( 'cp437' ).decode( 'euc-kr' )
    
    category = member.filename.split( '.' )[0]
    
    if category in category_list:
```

```
    i = category_list.index(category)
    zips.extract(member, directory)


cate_zips = zipfile.ZipFile('{}{}.zip'.format(directory, category_list[i]))

FileNames = cate_zips.namelist()
for fileName in FileNames:
    if food_list[i] in fileName:
        cate_zips.extract(fileName, './한국 음식 이미지/images/'.format(food_list[i]))


cnt = 0
images = glob.glob('{}images/{}/{}/*.jpg'.format(directory,category_list[i], food_list[i]))

createFolder('./train')
createFolder('./test')

createFolder('./train/{}/'.format(food_list[i]))
createFolder('./test/{}/'.format(food_list[i]))
for fname in images:

    img = imread(fname)

    if img is None:
        continue
    cnt +=1

    height, width, _ = img.shape

    if width > height:
        height = int(height*256/width)
        width = 256
    else:
        width = int(width*256/height)
        height = 256

    img = cv2.resize(img, (width, height))
```

데이터셋 코드

```
        if cnt <=500:
            imwrite('./train/{}/{}_{}.jpg'.format(food_list[i],food_list[i],cnt), img)
        elif cnt <= 600:
            imwrite('./test/{}/{}_{}.jpg'.format(food_list[i],food_list[i],cnt-500),img)
        else:
            break
##############################################
```

데이터셋 | 이미지 데이터셋

10 한국어 글자체 이미지 데이터셋

난이도 ★★★
흥미도 ★★★★
형 태 png 파일
json 파일의 라벨 및 어노테이션

현대 한글에서 표현할 수 있는 모든 글자인 11,172자를 모두 사용한 폰트 50종의 글자체와 성별, 연령층별로 직접 제작한 이미지 파일입니다. 폰트 그대로의 이미지뿐만 아니라, 손글씨, 간판, 상표, 교통 표지판 등의 한글이 포함된 이미지 10만 장을 포함하고 있어 매우 활용도가 높은 데이터셋이라고 할 수 있습니다. 종이문서의 디지털 문서화 등에 쓰일 수 있는 이미지 내의 한글 인식 인공지능 학습에 사용될 수 있습니다.
※ 데이터를 다운로드하는 과정에 많은 시간을 필요로 합니다.

데이터셋 명
- 한국어 글자체 이미지 데이터셋(Korean font image dataset)

데이터 카테고리
- 이미지

데이터셋 목적
- 이미지 분류(Classification) / 지도학습(Supervised Learning)

※ 분류란?
이미지 분류는 각 데이터가 속하는 사전에 정의된 항목이 존재하고, 모델은 입력데이터를 바탕으로 미리 정의된 항목 중에 입력 이미지가 속할 가능성이 가장 큰 항목을 예측하는 것입니다. MNIST 데이터를 예를 들면, 입력된 이미지가 0부터 9까지의 숫자 중 어떠한 형태에 가장 가까운지 구분하는 것입니다. 이는 여러 개의 클래스(항목)를 가진 다중 분류(Multi-class classification)에 속합니다.

※ 지도학습이란?
정답이 정해진 데이터를 활용하여 데이터를 학습시키는 것입니다. 입력 데이터와 그에 해당하는 라벨의 쌍이 주어지고, 이를 바탕으로 학습을 진행합니다.

데이터셋 링크
https://aihub.or.kr/aidata/133

Ⅱ. 이미지 데이터셋

데이터셋 특징

- 한국어 글자체 이미지 데이터셋은 손글씨(370만자), 인쇄체(280만자)와 실사 데이터(간판 등 실생활 글자) 10만장(이미지 기준)입니다. 다양한 상황에서의 학습이 가능하도록 음절, 어절, 문장의 여러가지 형식의 데이터가 존재하고, 그에 해당하는 라벨이 json 파일로 제공됩니다.

- 다양한 글자체가 다양한 데이터 증강(Augmentation) 기법으로 변환되어 있으므로, 한글 광학글자인식 (OCR, Optical Character Recognition) 인공지능을 학습시키는 데에 적합합니다.

※ 데이터 증강(Data augmentation)이란?
데이터 증강이란, 기존 데이터를 약간 수정하여 사본을 만들거나 기존 데이터에서 새로 생성된 합성 데이터를 추가하여 데이터 양을 늘리는 기법입니다. 이미지 데이터를 예로 들자면, 이미지의 색 변환, 회전, 반전, 흐림 등을 통한 새로운 데이터 생성 방법이 있습니다. 이는 인공지능 모델을 학습할 때, 과적합(Overfitting)을 줄이는 데 도움이 됩니다. 과적합은 모델이 실제 변수들 간의 관계보다는 과거 학습데이터(training data)의 노이즈를 설명하게 되는 경우를 표현할 때 쓰입니다. 즉, 모델이 과거의 데이터를 너무 과하게 설명한 나머지 실제 변수들 간의 관계를 잘못 설명하게 되는 경우입니다. 이러한 모델은 이미 학습한 데이터는 잘 설명하는 것처럼 보이지만 아직 학습하지 않은 데이터에 대해서는 제대로 설명하지 못합니다. 예를 들면, 원리에 대한 이해 없이 암기식으로 주어진 문제를 달달 외우면, 비슷한 유형의 다른 문제는 잘 못 푸는 것과 비슷합니다.

데이터셋 구성

〈데이터의 분류〉

① 음절(글자) 한 글자로 이루어진 이미지 데이터
(11,172자 글자 단위로 11,172개 이미지)

② 어절(단어) 한 단어 등, 한 어절로 이루어진 이미지 데이터
(최대 14,000자, 단어 단위로 약 6,000개 이미지)

③ 문장 여러 어절의 모음인, 문장으로 이루어진 이미지 데이터
(최대 30,000자, 문장 단위로 약 1,000개 이미지)

〈데이터 출처의 분류〉

① 손글씨 글씨로 이루어진 글자체 이미지 데이터.
(손글씨의 경우 작성자의 성별, 연령대 등의 정보가 라벨에 포함된다.)

② 인쇄체 한국인이 자주 사용하는 대표적인 폰트 50가지의 인쇄체의 이미지 데이터
(인쇄체 데이터의 경우 font의 종류와 크기 등 생성에 사용된 변수가 라벨에 포함된다.)

③ 실사 글자 간판, 이정표, 상표 등의 실생활에서 볼 수 있는 이미지 데이터
이 경우에 글자 외에도 다른 정보들이 포함되어 있으므로, 글자가 있는 부분을 지시하는 바운딩 박스 정보가 annotation에서 주어진다. (annotations[].bbox)

데이터셋 예시

1. 원 데이터 (Raw Data)

PNG 이미지 파일과 해당 이미지 파일의 다양한 정보와 라벨 정보 등을 담고 있는 어노테이션(Annotation) json 파일로 이루어져 있습니다. 각 PNG 이미지는 번호가 이름으로 부여되어 있고, 해당 이름으로 표지되어 json 파일에서 각 구분되어 정보를 확인할 수 있습니다. PNG 이미지 파일의 예시는 다음과 같습니다.

인쇄체 이미지

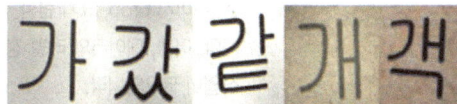

손글씨 이미지

실사 글자(Text in the wild)

출처: https://aihub.or.kr/aidata/133

2. 어노테이션(Annotation) json 파일 예시 (손글씨, 인쇄체)

```
// JSON 형식
{
  "info": info,
  "images": [image],
  "annotations": [annotation],
  "licenses": [license]
}
info{
  "name": str, // 데이터셋 이름
  "description": str, // 데이터셋 설명 (optional)
  "url": str, // 데이터셋 홈페이지 (optional)
  "date_created": datetime, // JSON 파일이 만들어진 날짜/시간
}

images{
  "id": str, // 이미지 아이디
  "width": int, // 이미지 width
  "height": int, // 이미지 height
  "file_name": str, // 이미지 파일 이름
  "license": str, // 라이센스 이름 (optional)
  "date_captured": datetime // 사진 찍힌 날짜/시간 (optional)
}
annotations{
  "id": str, // annotation 아이디
  "image_id": str, // 이미지 아이디
  "bbox": [x, y, width, height], // text의 위치 정보
  "text": str, // 이미지에서 보이는 문장 내용
  "attributes": object // annotation 특이사항(optional, 글자가 기울어지거나 뒤집어졌는지, 난이도 등이 기입될 수 있음)
}
licenses{
  "name": str, // 라이센스 이름 (license안에서 unique 해야 함)
  "url": str // 라이센스 내용이 들어 있는 링크
}
```

3. 어노테이션(Annotation) json 파일 예시 (실사 글자)

실사 글자 데이터의 어노테이션은 약간 다릅니다. annotations[].bbox (바운딩 박스, Bounding Box)에서 해당 이미지 내애서 어떤 위치에 글자가 위치하는지 정보가 주어집니다. image를 augmentation 하거나, resize 할 때에는 반드시 해당 바운딩 박스 정보 역시 변경해주어야 합니다.

※ 바운딩 박스(Bounding Box)

어떤 이미지 내부에 대상 객체가 있는 위치를 나타내는 이미지 내부의 부분 이미지입니다. 객체 인식 CNN의 경우, 바운딩 박스의 위치를 알아내는 것이 분류 문제를 푸는 것보다 더 어렵고 중요한 과제입니다. 본 데이터셋은 분류가 주된 과제이지만, 이미지 내부의 글자 위치까지 파악하기를 원한다면 바운딩 박스를 Ground Truth로 삼아 객체 인식 모델을 만들어 볼 수도 있습니다.

데이터셋 활용

1 데이터셋을 구성하는 속성들의 전처리(증강: Augmentation) 해보기

입력데이터에 있는 이미지들을 이미 데이터 증강(Data Augmentation)되어 있습니다. 하지만, 원하는 인공지능 모델에 따라 적합한 데이터 증강이 더 필요할 수 있습니다. 따라서, 이미지의 색 변환, 이미지 Crop, 크기 변환, 회전 등의 데이터 증강을 임의로 시행하여 데이터를 증가시킬 수 있습니다. 이때, 데이터의 라벨 정보가 담겨있는 json 파일 역시 증강 데이터에 맞추어 새롭게 만드는 작업이 필요합니다.

2 타겟 데이터 결정하기

입력데이터는 다양한 출처에서 수집된 다양한 형태의 데이터입니다. 따라서, 학습시키려는 인공지능 모델에 따라 적합한 데이터가 있고, 해당되는 데이터만을 사용해야합니다. 따라서, json 파일의 annotations을 기준으로 데이터의 선택이 필요합니다. 선택 기준은 데이터의 종류(손글씨, 인쇄체, 실사 글자 / 음절, 어절, 문장), 라벨의 종류 등 여러가지가 있습니다.
선택된 데이터셋은 학습 데이터와 테스트 데이터로 나누어야 합니다. 이 비율은 7(학습):3(테스트), 8(학습):2(테스트) 등의 비율이 바람직합니다.

3 AI기반 광학 글자인식(OCR, Optical Character Recognition) 구현하기

Q1-1 이미지 데이터로부터 한글을 인식할 수 있는 인공지능 모델을 만들어보자.
(만약, 음절 단위로 인식을 원한다면 음절 데이터만을 사용하고, 한글에 존재하는 모든 음절의 개수인 11,172개의 Class로 분류하는 CNN 기반 Classification 모델이 구현되어야 할 것이다.)

Q1-2 모델이 완성되었다면, 적절한 데이터를 사용해 모델을 학습시키고, 테스트해보자.

데이터셋 코드

※ 사전에 AI HUB에서 데이터를 다운로드 해야합니다.

데이터 처리에 필요한 라이브러리를 선언하는 부분
from PIL import Image %% 이미지 읽기를 위한 라이브러리
from torchvision import datasets, transforms %% 데이터셋 생성과 이미지 처리를 위한 라이브러리
##

JSON 파일(라벨과 어노테이션 데이터) 읽는 부분
import json %% json 파일 읽기를 위한 라이브러리
data_root = 'C:\\파일경로와 파일이름'
with open(data_root, 'r') as f: %% json 파일을 읽기모드로 f로 두기
    json_data = json.load(f) %% json 파일을 딕셔너리 형태로 저장.
print(json.dumps(json_data) %% 출력 내용 확인해보기.
##

다운로드된 PNG 이미지 파일을 불러오는 부분
image = Image.open('파일이름.png')
##

이미지 전처리를 통해 데이터셋 만들기
korean_transform = transforms.Compose([transforms.Resize((100, 100)),
                    transforms.ToTensor(),
                    transforms.Normalize(mean=(0.5, 0.5, 0.5), std=(0.5, 0.5, 0.5))])
%% 이미지 전처리

data_root = 'C:\\파일경로와 파일이름'
train_dataset = datasets.ImageFolder(root = data_root,
                transform = korean_transform)
%% 저장 위치로부터 데이터 불러오고, 미리 구성해둔 전처리를 수행

BS = 원하는 batch size %% batch size 선언
train_loader = DataLoader(train_dataset, %% 데이터를 batch 형식으로 변경
            batch_size = BS
            shuffle = False, %% 데이터를 무작위로 섞기.
            num_workers = 4) %% 사용할 CPU core의 개수
data_iter = iter(train_loader) %% Batch 별로 데이터 꺼내어 쓰기.

※ transforms 설정 & torchvision.transforms
이미지 데이터를 원하는 대로 변환하도록 하는 설정의 모음으로, datasets의 두 번째 인수로 들어가게 됩니다.
transforms.Compose([ ]) – 내부에 transforms 설정들을 여러 개 나열하여 적용되도록 할 수 있습니다.
transforms.ToTensor() – PIL 또는 numpy.ndarray 타입의 이미지를 torch 함수 사용을 위해 tensor 타입으로 변경해주는 설정입니다.
transforms.Normalize(mean=(, ,), std=(, ,)) – 3채널 이미지인 SVHN의 각 채널별로, 입력한 평균과 표준편차 값으로 정규화 해줍니다.
더 다양한 transforms의 설정들은 다음 링크에서 확인할 수 있습니다.
: https://pytorch.org/vision/stable/transforms.html

데이터셋을 쉽게 불러오는 데이터로더를 설정하는 부분
batch_size = 32
train_dataloader = torch.utils.data.DataLoader(dataset = train_dataset, batch_size = batch_size, shuffle = True)

데이터셋 코드

test_dataloader = torch.utils.data.DataLoader(dataset = test_dataset, batch_size = batch_size, shuffle = True)

※ dataloader 설정 & torch.utils.data.DataLoader( )
데이터셋이 준비되었다면, 이를 batch_size로 묶거나 shuffle을 진행하는 등 정리해주는 dataloader를 설정합니다.
첫 번째 인수는 dataset으로, 불러올 dataset을 입력합니다. 이는 위에서 torchvision.datasets()로 설정한 dataset 변수 이름을 입력해줍니다. train과 test의 dataloader를 별도로 구성해줍니다.
두 번째 인수는 batch_size를 입력해줍니다. train이나 test를 진행할 때, loss를 구하고 학습하는 이미지의 개수 단위를 batch_size라고 부르는데, 원하는 크기를 입력해줍니다.
세 번째 인수는 shuffle로, True로 설정시 이미지를 불러올 때마다 내부 순서를 섞어서 보내줍니다. test set의 경우에는 shuffle을 False로 해서 섞지 않아도 괜찮지만, train 과정에서는 정해진 순서로 학습이 계속해서 진행된다면, 모델이 해당 데이터셋의 정해진 순서에도 영향을 받아, 다른 순서나 분포를 가진 데이터를 입력 받을 시 성능이 낮게 나올 수 있습니다. train_dataloader의 경우는 shuffle을 True로 해주는 것이 좋습니다.

더 다양한 Dataloader의 설정들은 다음 링크에서 확인할 수 있습니다.
: https://pytorch.org/docs/stable/data.html

###

10. 한국어 글자체 이미지 데이터셋

AI 교육을 위한
데이터셋 활용 방안 및 분석 자료집

Voice Datasets

Ⅲ. 음성 데이터셋

1) ESC-10 데이터셋

2) Yes/No 데이터셋

3) FSD(Free Spoken Digit) 데이터셋

4) Urbansound 데이터셋

5) Speech Command 데이터셋

6) GTZan 데이터셋

7) LJSpeech 데이터셋

8) Librispeech 데이터셋

9) Bird

10) TIMIT

데이터셋 | 음성 데이터셋

01 ESC-10 데이터셋

- 난이도 ★★
- 흥미도 ★★
- 형태 wav 파일

ESC-10 데이터셋은 ESC-50 데이터셋에서 파생된 데이터셋으로, 총 50개의 클래스에 대한 소리를 구분하는 것을 목적으로하는 ESC-50에서 추출된 10개의 클래스로 구성되어있습니다. ESC-10 데이터셋의 각 클래스는 약 5초 가량의 길이를 가진 40개의 음성 파일로 이루어져 있습니다. 음성 데이터셋에서 비교적 적은 클래스를 가지고 있어 상대적으로 쉽고 간단하게 학습이 가능하다는 특징을 가지고 있습니다. 따라서, 음성 분류 관련 응용 분야에서 입문자를 위해서 많이 활용되는 데이터셋 중 하나입니다.

데이터셋 명	• ESC-10 데이터셋(Dataset for Environmental Sound Classification)
데이터 카테고리	• 음성
데이터셋 목적	• 분류(Classification) / 지도학습(Supervised Learning)
데이터셋 링크	https://github.com/karolpiczak/ESC-50
데이터셋 특징	• ESC-10 데이터셋은 10가지 종류(코 고는 소리, 개 짖는 소리, 시곗바늘 소리, 아기 울음 소리, 닭 울음 소리, 빗소리, 파도 소리, 모닥불 소리, 헬리콥터 소리, 전기톱 소리)를 나타내는 5초 가량의 음성 파일로 구성되어 있습니다. 각 종류 별로 40 개의 음성파일로 포함하고 있으며, 총 400개의 음성파일로 이루어져 있습니다.

| 01 ESC-10 데이터셋 |

※ ESC-50 데이터와의 차이점
ESC-50 데이터셋은 ESC-10 데이터셋 보다 큰 활용도를 가지지만 학생들이 더욱 간편하게 데이터에 접근하기 위해서 50개의 클래스를 가진 원본 데이터에서 추출된 10개의 클래스를 가진 ESC-10 데이터를 사용하였습니다. ESC-50 데이터셋의 경우 동물, 자연, 사람, 실내, 실외에서 각 각 추출된 10개의 클래스에 대한 소리를 포함하여 총 50개의 클래스로 이루어져있습니다. 이와 달리 ESC-10 데이터셋의 경우에는 이중 열 개의 데이터만을 포함하고 있습니다. 즉, ESC-50 데이터셋의 부분집합이라고 생각할 수 있습니다.

데이터셋 구성

ESC-10 데이터셋은 총 10개의 클래스로 구성되어 있습니다.

① 코 고는 소리(sneezing)
② 개 짖는 소리(dog barking)
③ 시곗바늘 소리(clock ticking)
④ 아기 울음 소리(crying baby)
⑤ 닭 울음 소리(crowing rooster)
⑥ 빗소리(rain)
⑦ 파도 소리(sea waves)
⑧ 모닥불 소리(fire crackling)
⑨ 헬리콥터 소리(helicopter)
⑩ 전기톱 소리(chainsaw)

데이터셋 활용

1 음성 데이터 전처리 해보기

음성 신호는 시간의 변화에 따라 변화하는 음성 신호의 주파수로 표현할 수 있습니다. 즉, 시간과 각 음성 신호가 가지는 주파수를 x축과 y축으로 정의된 2차원의 데이터를 표현할 수 있습니다. 이 때 주파수의 크기에 따라 각기 다른 색으로 표현해줌으로써 2차원의 이미지 데이터를 획득할 수 있습니다. 음성 분류 모델은 이미지 분류 모델을 통해서도 이루어질 수 있습니다. 이를 위해서 주파수 변환을 통해 이미지 분류에 활용되는 모델에 사용가능하도록 2차원의 이미지 데이터를 추출해 봅시다.

인공지능과 미래사회 p.71

2 전체 학습을 통해 음성 분류하기

VGG16 모델을 바탕으로 학습데이터로 주어진 10개의 클래스에 대해서 학습을 진행한 뒤에 분류 성능에 대한 평가를 해보자.

※ VGG 모델?
VGG 모델의 가장 큰 의의는 인공신경망의 깊이(함수의 개수)가 성능에 미치는 영향을 확인할 수 있도록 함에 있습니다. VGG 모델에서는 3x3 크기의 커널을 사용하고, 뒤의 숫자 16은 신경망의 깊이가 16이라는 것을 의미합니다.

Ⅲ. 음성 데이터셋

데이터셋 예시

1. 원 데이터 (Raw Data)

ESC-10 데이터셋의 경우 각각의 데이터가 하나의 음성 파일(wav)로 구성되어 있습니다. 데이터는 아래 [그림 1]과 같이 분류되어 저장되어 있습니다. Train(학습)/Test(테스트) 폴더에 각각 학습용과 테스트용 음성 파일들이 저장되어 있으며, 각 폴더의 하위 폴더로 각 클래스에 대한 음성 파일들이 저장되어 있습니다. ESC-10 데이터셋의 경우엔, 각 클래스 별로 40개의 음성파일로 총 400개의 음성 파일로 구성되어 있습니다.

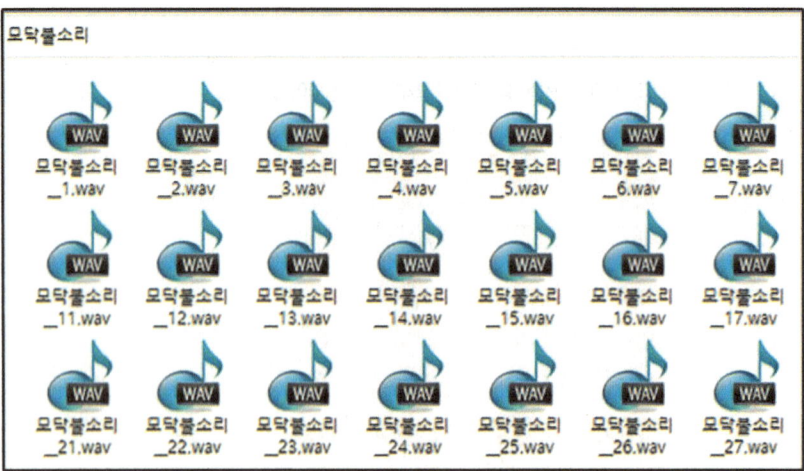

[그림 1] ESC-10 데이터셋 원본 데이터 저장 형태

2. 시각화 데이터

시각화 데이터의 경우 각 음성 데이터를 시간에 따른 주파수에 대한 신호로 변환한 후 신호의 크기에 따라 각기 다른 색으로 표현한 데이터입니다. 이를 통해 음성 데이터를 하나의 이미지로 간주하고 분류를 진행할 수 있습니다. 데이터셋 코드에 있는 예시 코드를 통해 아래 모닷불 소리에 대한 시각화 데이터 이외에 다양한 데이터에 대해서도 확인할 수 있습니다.

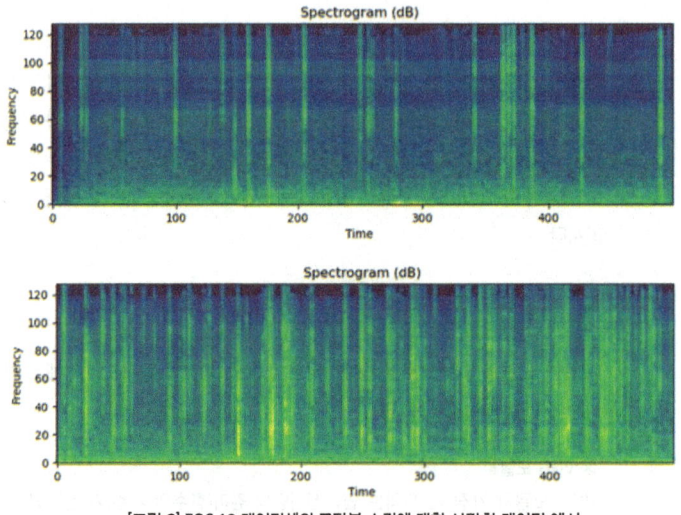

[그림 2] ESC 10 데이터셋의 모닥불 소리에 대한 시각화 데이터 예시

01 ESC-10 데이터셋

데이터셋 코드

```
### 데이터 처리에 필요한 라이브러리를 선언하는 부분 ###
import os
import numpy as np
import librosa
import librosa.display
import matplotlib.pyplot as plt

import pandas as pd
import csv

import urllib.request
import zipfile

import soundfile as sf
##########################

### 음성/시각화 데이터 저장 폴더 생성 함수 선언하는 부분 ###
def createFolder(directory):
    try:
        if not os.path.exists(directory):
            os.makedirs(directory)
    except OSError:
        print('Error: Creatingdirectory. ' + directory)
#############################################

### ESC-50 데이터를 다운로드하고 압축 해제 하는 부분 ###
url = 'https://github.com/karoldvl/ESC-50/archive/master.zip'
urllib.request.urlretrieve(url, './esc50.zip')

zips = zipfile.ZipFile('./esc50.zip')  % 압축파일 지정
zips.extractall('./')                   % 압축 파일에 포함된 모든 압축 해제
##########################################

### 음성 데이터 관련 정보를 포함한 csv 파일을 읽어오는 부분 ###
df = pd.read_csv('./ESC-50-master/meta/esc50.csv', names= ['filename', 'fold', 'target', 'category', 'esc10', 'src_file', 'take'], encoding = 'UTF-8')
############################################
```

데이터셋 코드

데이터 저장할 폴더 생성하는 부분
createFolder('./train')
###############################

ESC-10 클래스명 한글 변환을 위해 dictionary 선언하는 부분
classes = ['chainsaw', 'clock_tick', 'crackling_fire', 'crying_baby', 'dog', 'helicopter', 'rain', 'rooster', 'sea_waves', 'sneezing']

dicts ={}
dicts['chainsaw'] = [(0, '전기톱소리')]
dicts['clock_tick'] = [(1, '시계바늘소리')]
dicts['crackling_fire'] = [(2, '모닥불소리')]
dicts['crying_baby'] = [(3, '아기울음소리')]
dicts['dog'] = [(4, '개짖는소리')]
dicts['helicopter'] = [(5, '헬리콥터소리')]
dicts['rain'] = [(6, '빗소리')]
dicts['rooster'] = [(7, '닭소리')]
dicts['sea_waves'] = [(8, '파도소리')]
dicts['sneezing'] = [(9, '코고는소리')]

※ 클래스 이름 변경
원본 ESC-10 데이터의 클래스에 해당하는 한글 클래스 명을 파이썬의 딕셔너리 형태를 통해서 미리 표현해 둠으로써, 반복문을 통해서 자동으로 모든 데이터의 한글화에 활용될 수 있습니다. 또한, 한글명 뿐만 아니라 임의의 숫자를 할당함으로써, 해당 클래스에 속하는 데이터의 개수도 카운팅하여 표현할 수 있습니다.
##

cnt = np.zeros(10)

※ ESC-10 클래스 데이터 카운팅
cnt는 각 클래스에 속하는 데이터의 개수를 표현합니다. 데이터가 딕셔너리에서 읽어온 라벨에 해당할 때마다 cnt에 해당 속성의 숫자를 1씩 증가시켜줌으로써 각 클래스에 속하는 데이터의 개수를 표현할 수 있습니다.

for i in range(1,2001):
    if df['esc10'][i] == 'True':

```
train_path = u'./train/{}/'.format(dicts[df['category'][i]][0][1])

kor_name = dicts[df['category'][i]][0][1]
j = dicts[df['category'][i]][0][0]
cnt[j] += 1

createFolder(train_path)     % 클래스 폴더 생성
file_name = df['filename'][i]

x = librosa.load('./ESC-50-master/audio/{}'.format(file_name),sr = 44100)[0]
    % 음성 데이터 읽어오기

### 음성데이터 주파수 변환 해주는 부분 ###
y = librosa.feature.melspectrogram(x, sr=44100, n_fft=2205, hop_length=441)
log_spectrogram = librosa.power_to_db(y)
```

※ spectrogram을 생성하고 사진 파일로 저장하기
1. librosa.feature.melspectrogram()
첫 번째 입력은 1개 차원으로 구성된 numpy ndarray 타입의 음성 신호 데이터여야 합니다.
dataset에서 불러온 waveform 신호는 channel(=1) x frame의 두 차원이므로 첫 번째 차원인 channel을 squeeze(0)으로 제거해주고, numpy()를 통해 ndarray 타입으로 변경해줍니다.
두 번째 입력은 sample_rate를 입력해줍니다.
세 번째 입력은 n_fft로 fast fourier transform의 윈도우 사이즈로 librispeech 데이터셋의 고정된 sample rate를 고려하여 적절한 값으로 설정해줍니다.
네 번째 입력은 hop_length로, 적절한 값으로 설정해줍니다.
2. librosa.power_to_db()를 통해 log_spectrogram을 만들어줍니다.
3. plt를 통해 사진을 생성하여 fig.savefig를 통해 원하는 경로에 저장해줍니다. 화자 id와 문장 id를 차례로 이어서 구분이 편하게 저장하여도 좋습니다.
##################################

```
### 음성데이터 시각화 및 저장하는 부분 ###
fig = plt.figure(figsize=(10,4))
plt.imshow(log_spectrogram, origin = 'lower', interpolation = None, cmap='viridis',
    aspect=1.1)
plt.xlabel("Time")
plt.ylabel("Frequency")
```

데이터셋 코드

```
    plt.title( "Spectrogram (dB)" )
    fig.savefig( '{}/{}_{}.png' .format(train_path,kor_name,int(cnt[j]) ))
    plt.clf()
    plt.close()
####################################


### 음성데이터 저장 ###
    sf.write( '{}/{}__{}.wav' .format(train_path,kor_name,int(cnt[j]) ), x, 44100)
```

※ 음성신호를 wav 파일로 저장하기 - sf.write
첫 번째 입력은 원하는 파일 경로와 파일 이름을 설정할 수 있습니다. spectrogram 폴더와 구분되도록 waveform 폴더 안에, 라벨 폴더로 구분하여 저장합니다.
두 번째 입력은 waveform 데이터를, 세 번째 입력은 해당 음성 신호의 sample_rate를 입력하여 적절한 재생속도로 데이터가 저장되게 해줍니다.

`##################`

데이터셋 | 음성 데이터셋

02 Yes/No 데이터셋

난이도 ★★
흥미도 ★★
형태 wav 파일

Yes/No 데이터셋은 히브리어의 yes나 no에 해당하는 음성 두 가지의 클래스를 가지고 있는 데이터셋입니다. 하나의 음성 파일은 한 명의 사람이 연속으로 여덟 번의 단어를 발음한 것이 녹음되어 있습니다. 전체 데이터셋은 이러한 음성파일이 총 60개로 구성되어 있습니다. 데이터셋의 크기가 음성데이터셋 중에 매우 작고, 이진 분류라는 단순한 작업을 목적으로 하고 있기 때문에 음성 분류 및 인식 관련 응용 분야에서 입문자들이 상대적으로 쉽게 활용 가능한 데이터셋 중 하나입니다.

데이터셋 명
- Yes/No 데이터셋

데이터 카테고리
- 음성

데이터셋 목적
- 분류(Classification) / 지도학습(Supervised Learning)

데이터셋 링크
- https://www.openslr.org/1/

데이터셋 특징
- Yes/No 데이터셋은 이진 분류를 목적으로 하는 데이터셋으로 하나의 음성 파일은 한 사람이 연속해서 여덟 번의 히브리어의 yes나 no에 해당하는 단어를 말하는 음성파일로 이루어져 있습니다. 전체 데이터셋에는 이러한 음성파일이 총 60개 존재합니다.

Ⅲ. 음성 데이터셋

데이터셋 특징

※ 원본데이터와의 차이점

하나의 음성 파일에 여덟 개의 음성이 녹음되어 있는 것과 달리, 가공된 데이터셋에서는 각 음성 파일당 하나의 음성만이 녹음되어 있습니다. 이를 통해, 입문자들이 보다 손쉽게 음성 인식 및 분류에 대한 실습 및 이해가 가능하도록 하였습니다. 이때, 원본 음성파일에서 개별로 분리된 음성파일을 추출하기 위해서 원본 음성 파일 앞뒤에 존재하는 음성이 녹음되지 않은 부분을 잘라내고 나머지 부분을 8등분 해주는 과정을 적용하였습니다.

데이터셋 구성

ESC-10 데이터셋은 총 10개의 클래스로 구성되어 있습니다.

① Yes   긍정에 해당하는 히브리어 음성
⑩ No   부정에 해당하는 히브리어 음성

데이터셋 활용

1 음성 데이터 전처리 해보기

음성 신호는 시간의 변화에 따라 변화하는 음성 신호의 주파수로 표현할 수 있습니다. 즉, 시간과 각 음성 신호가 가지는 주파수를 x축과 y축으로 정의된 2차원의 데이터를 표현할 수 있습니다. 이때 주파수의 크기에 따라 각기 다른 색으로 표현해줌으로써 2차원의 이미지 데이터를 획득할 수 있습니다. 음성 분류 모델은 이미지 분류 모델을 통해서도 이루어질 수 있습니다. 이를 위해서 주파수 변환을 통해 이미지 분류에 활용되는 모델에 사용가능하도록 2차원의 이미지 데이터를 추출해 봅시다.

인공지능과 미래사회 p.72

2 학습데이터, 테스트 데이터 분류하기

인공지능을 통해 학습한 회귀분석 모델의 정확성을 파악하기 위해서는 학습데이터와 테스트 데이터의 완전한 분류가 필요합니다. 이를 위해서는 주어진 데이터셋을 다양한 비율로 분류할 수 있습니다.
[7(학습) : 3(테스트), 8(학습) : 2(테스트)]

3 전체 학습을 통해 음성 분류하기

교과서에서 나오는 다양한 신경망 모델에 대해 학습데이터로 주어진 2개 클래스에 대한 학습을 진행한 뒤에 모델의 변화에 따른 분류 성능의 차이에 대한 분석을 해봅시다.

데이터셋 예시

1. 원 데이터 (Raw Data)

Yes/No 데이터셋의 원본 파일의 경우 하나의 데이터에 여덟 번의 음성이 녹음되어 있습니다. 각각의 데이터가 하나의 음성 파일(wav)로 구성되어 있습니다. 데이터는 아래 [그림 1]과 같이 분류 및 저장되어 있습니다. Train(학습)/Test(테스트) 폴더에 각각 학습용과 테스트용 음성 파일들이 저장되어 있으며, 각 폴더의 하위 폴더로 각 클래스에 대한 음성 파일들이 저장되어 있습니다. Yes/No 데이터셋의 경우엔, 각 8개의 음성을 포함한 60개의 데이터로 구성되어 있고 이를 각 음성 별로 분할하여 총 480개의 데이터를 생성하였습니다.

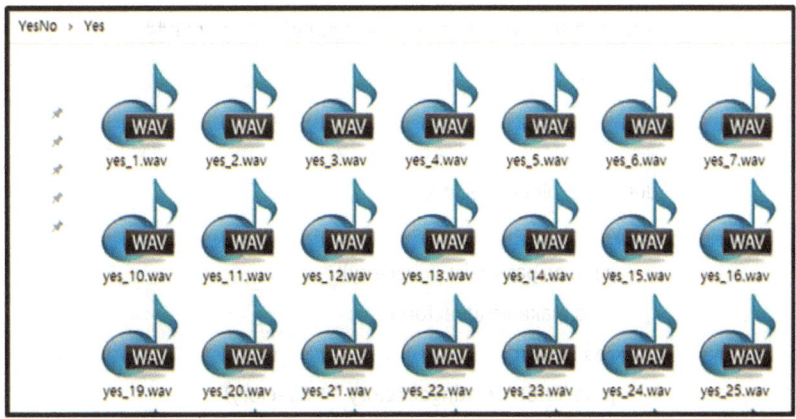

[그림 1] Yes/No 데이터셋 원본 데이터 저장 형태

2. 시각화 데이터

시각화 데이터의 경우 각 음성 데이터를 시간에 따른 주파수에 대한 신호로 변환한 후 신호의 크기에 따라 각기 다른 색으로 표현한 데이터입니다. 이를 통해 음성 데이터를 하나의 이미지로 간주하고 분류를 진행할 수 있습니다. 데이터셋 코드에 있는 이에 대한 예시 코드를 통해 아래 음성 파일에 대한 시각화 데이터 이외에 다양한 데이터에 대해서도 확인할 수 있습니다.

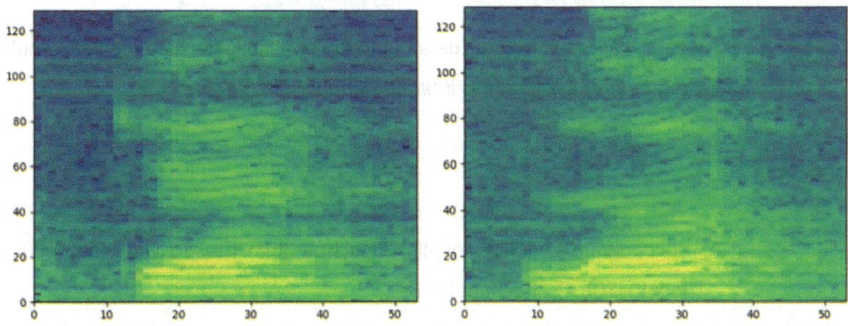

[그림 2] Yes/No 데이터셋 대한 시각화 데이터 예시

Ⅲ. 음성 데이터셋

데이터셋 코드

데이터 처리에 필요한 라이브러리를 선언하는 부분
import torchaudio
import torch
import torch.nn as nn
import torchaudio.transforms as AT
import matplotlib.pyplot as plt
import soundfile as sf
import os
##

음성/시각화 데이터 저장 폴더 생성 함수 선언하는 부분
def createFolder(directory):
    try:
        if not os.path.exists(directory):
            os.makedirs(directory)
    except OSError:
        print('Error: Creatingdirectory. ' + directory)
###

pytorch 라이브러리를 통한 데이터셋 다운로드
yesno_data = torchaudio.datasets.YESNO('./', download = True)
######################################

순차적 데이터 처리를 위한 데이터 로더 선언
data_loader = torch.utils.data.DataLoader(yesno_data, batch_size=1, shuffle=True)
######################################

데이터 시각화를 위한 spectrogram 함수 선언
spectrogram = nn.Sequential(AT.Spectrogram(n_fft=256, win_length=200, hop_length=80), AT.AmplitudeToDB())

※ 데이터 시각화 변수 정하기
데이터 시각화를 위한 spectrogram 함수에는 n_fft/ win_length / hop_length 와 같은
▼ 변수들이 있습니다. 이는 음성신호를 변환할 때 얼마만큼의 음성신호를 얼마 만큼의 길이로 쪼개어

변환할지에 관련한 변수로, 일반적으로 샘플링 레이트를 기준으로 정해집니다.
hop_length의 경우 샘플링 레이트에 0.01, win_length의 경우 0.025, n_fft의 경우 win_length
보다 같거나 크면서 2의 거듭제곱형태로 이루어진 값을 선택합니다.
ex) 8kHz의 샘플링레이트를 가지고 있는 데이터셋의 경우 hop_length는 80, win_length는
200, n_fft는 200이상의 값 중 2의 제곱에서 가장 가까운 것을 선택해주는 것이 일반적입니다.
###

label = ['no', 'yes']

※ Yes/No 데이터 라벨
Yes/No 데이터의 경우 데이터 라벨이 0 또는 1로 표기되었기에, 이를 문자로 변환하기 위해
리스트를 선언하고 해당 리스트의 0과 1 위체에 맞는 각 라벨명을 할당해줍니다.

cnts = [0, 0]

※ Yes/No 클래스 데이터 카운팅
cnts 리스트는 각 클래스에 속하는 데이터의 개수를 표현합니다. 데이터가 0,1 라벨에 해당할
때마다 cnts에 해당 속성의 숫자를 1씩 증가시켜줌으로써 각 클래스에 속하는 데이터의 개수를
표현할 수 있습니다.

createFolder('./yes')
createFolder('./no')

음성 신호를 Spectrogram 파일과 wav 파일로 저장하는 부분
```
for data in data_loader:
   _,_, n = data[0].shape
     trimmed = torchaudio.functional.vad(data[0][0], data[1], search_time = 20)
   _, n2 = trimmed.shape
   alpha = int(n − n2)
   trimmed = trimmed[:, :n2 − alpha]

   _, n = trimmed.shape
   n = int(n/8)
   audio = trimmed

   for i in range(8):
```

데이터셋 코드

```
y = data[2][i].item()
cnts[y] += 1
sf.write( './{}/{}_{}.wav'.format(label[y],label[y],cnts[y]),
              torch.transpose(audio[:,i*n:(i+1)*n],0,1), data[1])

spec = spectrogram(audio[:,i*n:(i+1)*n])
plt.pcolor(spec[0])
plt.savefig( './{}/{}_{}.jpg'.format(label[y],label[y], cnts[y]))
```

※ Yes/No 데이터 8등분하기
Yes/No 데이터는 하나의 음성파일 안에 여덟 번의 발음이 녹음되어 있습니다. 전처리 과정에서는 이를 각각 하나의 파일로 나누어서 입문과정에서 활용하기 편리하고자 하였습니다. 이를 위해 음성 파일 앞부분의 음성이 녹음 되지 않은 부분을 vad함수를 통해 잘라내고, 해당 길이만큼 뒷부분에서도 마찬가지로 잘라내었습니다. 그 뒤에 반복문을 통해 8등분을 진행함과 동시에 해당 부분에 대한 음성파일 및 전처리 파일도 저장해주었습니다.

※ 음성신호를 wav 파일로 저장하기
dataset에서 받아오는 waveform 신호는 channel(=1) x frame의 사이즈의 신호입니다.
sf.write를 통해 음성신호를 저장하려면 frame x channel 의 사이즈로 구성을 변경해줘야 합니다. torch.transpose를 통해 0번째와 1번째 차원의 순서를 바꿔주고 이를 두 번째 입력으로 넣어 음성 신호를 저장하였습니다.
첫 번째 입력은 원하는 파일 경로와 파일 이름을 설정할 수 있습니다. spectrogram 폴더와 구분되도록 waveform 폴더안에, 화자의 id와 문장 종류 id를 이어서 파일이름을 만들어 구분이 용이하게 해도 좋습니다.
세 번째 입력은 해당 음성 신호의 sample_rate를 입력하여 적절한 재생속도로 데이터가 저장되게 해줍니다.
##

데이터셋 | 음성 데이터셋

03 FSD 데이터셋

난이도 ★★
흥미도 ★★
형 태 wav 파일

FSD 데이터셋은 0부터 9까지의 숫자를 영어 발음으로 녹음한 음성 데이터셋입니다. 한 자리 숫자를 말한 음성이므로 길이가 매우 짧고, 샘플링 레이트는 모두 8kHz입니다. 이는 오픈 데이터셋으로 사람들의 참여로 샘플의 수가 늘어날 수 있습니다. 현재까지 6명의 화자가 각 숫자 당 50개의 샘플을 녹음하여 데이터를 구성했으며, 그럼에도 음성 신호의 길이가 매우 짧기에 데이터의 용량은 매우 작아서 큰 부담없이 사용할 수 있습니다. 음성 신호를 입력으로 받아 이 신호가 어떤 숫자를 말하는 것인지 10개 숫자 클래스에 대해서 예측하는 분류 모델에 주로 활용할 수 있습니다. 입문자용으로 부담없이 사용할 수 있는 데이터셋으로 기대됩니다.

데이터셋 명
- FSD 데이터셋 (Free Spoken Digit)

데이터 카테고리
- 음성

데이터셋 목적
- 분류(Classification) / 지도학습(Supervised Learning)

데이터셋 링크
https://github.com/Jakobovski/free-spoken-digit-dataset.git

데이터셋 특징
- 이미지 분류에서 가장 기본적으로 사용되는 데이터셋은 0부터 9까지의 한 자리 숫자의 이미지로 구성된 MNIST 데이터셋이 있습니다. 이를 이용하여 정답 숫자를 예측하는 분류 모델 또한 이미지를 활용하는 인공지능 기술 중 가장 기본적인 모델이라 할 수 있습니다. 그와 유사하게, 이 FSD 데이터셋은 0부터 9까지의 한 자리 숫자를 영어로 읽은 음성 파일로 구성되어 있습니다.

Ⅲ. 음성 데이터셋

데이터셋 특징

용량도 적어 부담없이 사람 음성 인식에서 가장 기본적인 수준으로 활용할 수 있습니다. 모든 wav 파일이 8kHz로 샘플링 되었고, 한 자리 숫자의 녹음 파일이므로 신호의 길이가 굉장히 짧습니다. 사람 참여형 오픈 데이터셋으로, 데이터의 양이 더 늘어날 수 있다는 특징이 있습니다.

※ 음성 인식 기술
스마트폰 서비스에서 이제는 빼놓을 수 없는 서비스가 바로 우리와 대화가 가능한 인공지능 비서 서비스입니다. 우리가 스마트폰에게 말을 하면, 그들은 음성 신호를 텍스트로 인식한 뒤, 그 텍스트 안에서 정보를 추출하여, 원하는 정보를 텍스트와 음성으로 바꾸어 다시 우리에게 전달해줍니다. 그 중 첫 번째 순서로 실행하고 필요한 것이 음성 인식 기술입니다. 소리 신호를 그에 해당하는 텍스트 정보로 변환해주는 기술입니다.
우리는 스마트폰으로 말을 걸 때, 문장으로 말을 걸게 됩니다. 발전된 인공지능 기술은, 해당 소리를 텍스트 문장으로 인식하는 과정에서, 단어 하나하나 독립적으로 인식하는 것이 아닌, 문맥적인 정보도 파악합니다. 그러나 그 전에, 짧은 단위의 프레임 별로 소리를 인식해서 정답을 예측하는 과정도 포함됩니다. 문맥을 활용한 인식 이전에, 짧은 단위에서의 인식 기술을 연습도 필요한데, 지금 설명하는 FSD 데이터셋은 그에 적합한 선택지라 볼 수 있습니다.

데이터셋 구성

- FSD 데이터셋은 0부터 9까지의 한 자릿수 라벨을 가진 음성 신호입니다. 총 10개의 클래스로 구성되어 있습니다.

Class : 0, 1, 2, 3, 4, 5, 6, 7, 8, 9

현재까지는 6명의 화자가 참여했습니다. 각 화자는 한 숫자 당 50개의 샘플을 녹음하였습니다. 별도의 라벨을 정리한 파일은 없지만, wav 형식의 음성 파일의 이름에 구분이 가능하도록 저장되어 있습니다. '라벨의숫자_화자의이름_샘플번호.wav'의 형식으로 저장되어 있어, 이를 활용하여 학습 과정에서 접근하기 용이하도록 라벨 데이터를 직접 생성할 수 있습니다.

데이터셋 활용

인공지능과 미래사회 p.71

1 음성 데이터 전처리 해보기

음성 신호는 시간의 변화에 따라 변화하는 음성 신호의 주파수로 표현할 수 있습니다. 즉, 시간과 각 음성 신호가 가지는 주파수를 x축과 y축으로 정의된 2차원의 데이터를 표현할 수 있습니다. 이때 주파수의 크기에 따라 각기 다른 색으로 표현해줌으로써 2차원의 이미지 데이터를 획득할 수 있습니다. 음성 분류 모델은 이미지 분류 모델을 통해서도 이루어질 수 있습니다. 이를 위해서 주파수 변환을 통해 이미지 분류에 활용되는 모델에 사용가능하도록 2차원의 이미지 데이터를 추출해 봅시다.

2 전체 학습을 통해 음성 분류하기

VGG16 모델을 바탕으로 학습데이터로 주어진 10개의 클래스에 대해서 학습을 진행한 뒤에 분류 성능에 대한 평가를 해봅시다.

데이터셋 예시

0. 압축파일

wav 파일은 상단의 깃허브 링크에 저장되어 있습니다. 해당 깃허브 홈페이지에서 초록색 Code 버튼을 누른 뒤, Download ZIP을 클릭하여 깃허브의 파일들의 복사본이 압축된 파일을 다운로드 받아 준비합니다.

1. 원 데이터 (Raw Data)

FSD 데이터셋은 음성 파일이 '라벨의숫자_화자의이름_샘플번호.wav'의 이름으로 저장되어 있습니다. 라벨 별로 분류되어 저장되어 있지 않고 총 3000개의 음성 파일이 아래 [그림 1]과 같이 한 폴더에 모여 있으므로 필요시 라벨 종류별로 폴더를 생성하여 분류할 수 있습니다. 화자 별로 각 라벨에 대해 50개의 샘플 데이터가 존재합니다.

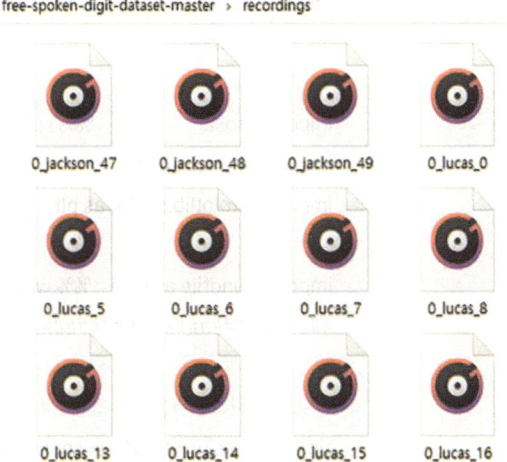

[그림 1] FSD 데이터셋 원본 데이터 저장 형태

2. 시각화 데이터

시각화 데이터의 경우 각 음성 데이터를 시간에 따른 주파수에 대한 신호로 변환한 후 신호의 크기에 따라 각기 다른 색으로 표현한 데이터입니다. 이를 통해 음성 데이터를 하나의 이미지로 간주하고 분류를 진행할 수 있습니다. 데이터셋 코드에 있는 이에 대한 예시 코드를 통해 아래 음성 파일에 대한 시각화 데이터 이외에 다양한 데이터에 대해서도 확인 할 수 있습니다.

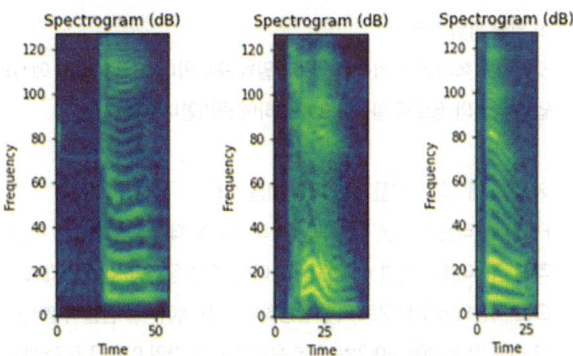

[그림 2] FSD 데이터셋 음성 파일에 대한 시각화 데이터 예시

위의 예시는 라벨 2에 대한 서로 다른 세 화자의 음성 파일에 대한 시각화 데이터입니다. 한 자릿수 숫자에 대한 녹음 파일이므로 Time 축의 길이가 매우 짧은 것을 알 수 있습니다.

Ⅲ. 음성 데이터셋

데이터셋 코드

```
### 데이터 처리에 필요한 라이브러리를 선언하는 부분 ###
import os                      %% 운영체제 사용을 위한 라이브러리
import torch
import numpy as np

import librosa                 %% spectrogram을 생성을 위한 라이브러리
import librosa.display
import matplotlib.pyplot as plt

import soundfile as sf         %% wav file을 저장하기 위한 라이브러리
##########################

### 파일 처리를 위한 준비 작업 ###
zips = zipfile.ZipFile('./free-spoken-digit-dataset-master.zip')
zips.extractall('./')

path_dir = './free-spoken-digit-dataset-master/recordings'
file_list = os.listdir(path_dir)

for digit in range(10):
    os.makedirs('./spectrogram/{}'.format(digit), exist_ok=True)
    os.makedirs('./waveform/{}'.format(digit), exist_ok=True)
```

※ 압축 파일 추출
깃허브의 복사본이 압축된 압축파일을 준비합니다. 데이터셋 예시의 0번 부분을 참고합니다. 해당 압축 파일의 경로를 설정하고 추출하여 준비합니다.

※ 라벨 데이터 처리를 위한 파일 이름 저장
FSD 데이터셋은 원본 음성 파일에 대한 라벨 데이터가 정리된 파일이 없어서 해당 파일을 가공하여 라벨 데이터를 정리할 수 없습니다. 대신, 원본 음성 파일이 '클래스_화자이름_샘플번호.wav'의 형식으로 저장되어 있으므로 이를 활용하여 라벨 데이터를 만들어 봅시다.
그 전에 한 폴더에 모여있는 원본 음성 신호의 파일 이름을 문자열에 저장합니다. os모듈의 listdir 함수를 이용하면 해당 폴더 내의 파일 이름과 확장자까지 리스트의 원소로(문자열 형태) 저장하게 됩니다. 이 리스트를 활용하여 음성신호를 불러오거나, 라벨 정보를 추출하는 작업을 진행할 수 있습니다.

※ spectrogram과 음성 파일을 클래스별 정리하기 위한 폴더 생성
음성 신호와 더불어 시각화 이미지인 spectrogram을 만들고자 합니다. 그러나 데이터셋의 음성 신호는 클래스별로 나뉘어 있지 않습니다. 음성 신호 뿐 아니라 생성할 시각화 이미지 파일도 클래스별

로 분류하여 저장하기 위해, 미리 클래스별 폴더를 생성해줍니다.
os.makedirs()를 이용하여 클래스 종류별 폴더를 생성할 수 있습니다. exist_ok가 True로 되어있다면, 원하는 이름의 폴더가 이미 존재하더라도 오류없이 코드가 진행됩니다.
##########################

```
### 시각화 데이터와 원본 파일을 클래스 별 구분하여 저장하는 부분 ###
waveform = []
digit_label = []

for a in range( len(file_list) ) :

  digit = int( file_list[ a ].split('_')[0] )
  digit_label.append(digit)

  x = librosa.load( '{}/{}/'.format(path_dir,file_list[a]) , sr=8000 )[0]
  waveform.append(x)

  y = librosa.feature.melspectrogram( x, 8000, n_fft = 400, hop_length = 80)
  log_spectrogram = librosa.power_to_db(y)

  fig = plt.figure( figsize=(4,4) )
  plt.imshow(log_spectrogram, origin = 'lower', interpolation = None,
        cmap='viridis', aspect=1.1)
  plt.xlabel("Time")
  plt.ylabel("Frequency")
  plt.title("Spectrogram (dB)")
  fig.savefig('./spectrogram//.png'.format(digit, file_list[a].split('.')[0]) )
  plt.clf()
  plt.close()

  sf.write( './waveform/{}/{}'.format(digit, file_list[a]), x, 8000)
```

※ 라벨 정보를 추출
file_list에는 음성파일의 파일 이름이 문자열 데이터로 저장되어 있습니다. 문자열 변수에 대해서 .split('특정 문자')를 적용하면, 특정 문자를 기준으로 문자열이 분리되어, 그들을 원소로 하는 리스트가 생성됩니다.

Ⅲ. 음성 데이터셋

데이터셋 코드

ex) file_list[a] = '3_george_23.wav'
　　file_list[a].split('_') = ['3', 'george', '23.wav']

파일 형식의 맨 앞에는 라벨 데이터가 저장되어 있으므로, split의 결과인 리스트의 첫 번째 원소를 가져와서, 문자열에서 int 형으로 변경해서 라벨 변수인 digit에 저장합니다.

digit_label이라는 리스트를 생성하여, file_list의 순서대로 라벨 정보를 저장합니다. 이후 학습 또는 테스트 과정에서 정답 데이터로 활용할 수 있는 리스트가 됩니다.

또한 waveform이라는 리스트를 생성하여 원본 파일의 음성 신호 데이터를 순서대로 저장합니다.

이 두 리스트는 waveform 데이터와 라벨 값이 같은 index로 저장되어 있습니다. 라벨 별로 같은 샘플 수를 유지하면서, train과 test set을 나눠 저장하는 작업도 필요하다면 연습해보시길 바랍니다.

※ spectrogram을 생성하고 사진 파일로 저장하기
1. librosa.feature.melspectrogram()
첫 번째 입력은 음성 신호를 불러와서 입력해줍니다.
두 번째 입력은 sample_rate를 입력해줍니다. FSD 데이터의 샘플들은 모두 동일한 8kHz의 값을 갖습니다.
세 번째 입력은 n_fft로 fast fourier transform의 윈도우 사이즈로 FSD 데이터셋의 고정된 sample rate를 고려하여 적절한 값으로 설정해줍니다.
네 번째 입력은 hop_length로, 적절한 값으로 설정해줍니다.
2. librosa.power_to_db()를 통해 log_spectrogram을 만들어줍니다.
3. plt를 통해 사진을 생성하여 fig.savefig를 통해 원하는 경로에 저장해줍니다. spectrogram이라는 폴더 내에서, 라벨 별로 폴더를 구분하여 저장해줍니다. file_list의 원소인 문자열은 .wav라는 확장자 이름도 포함하므로, split('.')을 통해 앞부분만 사용해주고, png확장자를 붙였습니다.
ex) file_list[a].split('.') = ['3_george_23', 'wav']
　'./{}.png'.format(file_list[a].split('.')[0]) -> './3_george_23.png'

문자열 표현 중 를 포함한 뒤, .format()을 이어붙여 순서대로 값을 대입할 수 있습니다.
'{}+{}={}'.format(1, 2, 1+2) -> '1+2=3'으로 출력됩니다.

※ 음성신호를 wav 파일로 저장하기 - sf.write
첫 번째 입력은 원하는 파일 경로와 파일 이름을 설정할 수 있습니다. spectrogram 폴더와 구분되도록 waveform 폴더 안에, 라벨 폴더로 구분하여 저장합니다.
두 번째 입력은 waveform 데이터를, 세 번째 입력은 해당 음성 신호의 sample_rate를 입력하여 적절한 재생속도로 데이터가 저장되게 해줍니다.
##########################

데이터셋 | 음성 데이터셋

04 URBAN SOUND 데이터셋

- 난이도 ★★
- 흥미도 ★★
- 형 태 wav 파일

URBAN SOUND 데이터셋은 도시에서 발생가능한 소리데이터로, 총 10개의 클래스로 분류된 8732개의 음성 파일(wav)들로 구성되어 있습니다. 구성된 파일들은 44.11, 48kHz 등의 레이트로 샘플링 되어 있으며, 4초 이내의 음성파일입니다. 음성 신호를 입력으로 받아 이 신호가 사전에 정의된 10가지 소리의 종류 중 어떤 유형에 속하는지 예측하는 분류 모델에 주로 활용될 수 있습니다. 데이터셋의 구성은 전형적인 분류 데이터 형식을 따르므로 음성 데이터 분류 모델을 설계함에 있어 비교적 직관적인 데이터셋입니다.

※ 데이터를 다운로드하는 과정에 많은 시간을 필요로 합니다.

데이터셋 명
- URBAN SOUND 데이터셋 (URBAN SOUND Dataset)

데이터 카테고리
- 음성

데이터셋 목적
- 음성분류(Audio Classification) / 지도학습(Supervised Learning)

데이터셋 링크
- https://urbansounddataset.weebly.com/urbansound8k.html

Ⅲ. 음성 데이터셋

데이터셋 특징

- URBAN SOUND 데이터셋은 총 8,732개의 음성 데이터로 구성되어 있고 후술하게 될 10가지의 소리로 분류되어 있습니다. 전체 데이터셋은 5.6GB의 크기를 가지며 이를 구성하는 데이터 각각은 4초 이내의 음성파일입니다. 통상적으로 음성 데이터는 통상적인 시간 도메인만 가지는 1차원 데이터이지만, 해당 데이터셋은 2차원 데이터로 구성되어 있습니다. 그 이유는 데이터의 분포를 넓히기 위해 메인이 되는 분류 데이터에 더해서 백그라운드 소음을 추가한 데이터들이 포함되어 있고, 이러한 데이터들의 경우 음성데이터의 salience=1로 마킹되어 있습니다. 다시 말해, salience=1인 음성파일의 경우 [1, 샘플링 개수]의 크기를 가지고, salience=2인 음성파일의 경우 [2, 샘플링 개수]의 크기를 가지게 됩니다.

데이터셋 구성

- URBAN SOUND 데이터셋은 10가지의 클래스로 구성된 8,762개의 음성 데이터입니다.

> Class : air_conditioner, car_horn, children_playing, dog_bark, drilling, enginge_idling, gun_shot, jackhammer, siren', street_music

- 데이터셋을 출력해보면 각 오디오 파일마다 오디오 파일과 관련한 여러 정보를 포함하고 있는 것을 알 수 있습니다.

	slice_file_name	fsID	start	end	salience	fold	classID	class
0	100032-3-0-0.wav	100032	0.000000	0.317551	1	5	3	dog_bark
1	100263-2-0-117.wav	100263	58.500000	62.500000	1	5	2	children_playing
2	100263-2-0-121.wav	100263	60.500000	64.500000	1	5	2	children_playing
3	100263-2-0-126.wav	100263	63.000000	67.000000	1	5	2	children_playing
4	100263-2-0-137.wav	100263	68.500000	72.500000	1	5	2	children_playing
...	...	...	...	...	...	...	...	...
8727	99812-1-2-0.wav	99812	159.522205	163.522205	2	7	1	car_horn
8728	99812-1-3-0.wav	99812	181.142431	183.284976	2	7	1	car_horn
8729	99812-1-4-0.wav	99812	242.691902	246.197885	2	7	1	car_horn
8730	99812-1-5-0.wav	99812	253.209850	255.741948	2	7	1	car_horn
8731	99812-1-6-0.wav	99812	332.289233	334.821332	2	7	1	car_horn

1. **'slice_file_name'** : 오디오 파일의 이름으로 저장되어 있는 오디오 파일에 접근할 때 중요한 속성입니다.
2. **fsID** : 각 음성파일은 최초 음성파일을 슬라이싱하여 만들어졌는데 이는 가공되기 전 음성파일의 일련번호입니다.
3. **start/end** : 최초 음성파일에서 슬라이싱된 위치로, fsID와 이 변수는 주어진 데이터를 이용함에 있어 크게 신경쓰지 않아도 되는 변수입니다.
4. **salience** : 하나의 오디오 파일 안에 포함된 소리의 개수를 의미합니다.
   즉, salience=1은 타겟 음성 하나만 포함된 파일(foreground), salience=2는 타겟 음성파일에 배경 잡음이 포함된 파일(background)입니다.
5. **fold** : 해당 오디오 데이터가 위치한 폴더 번호입니다.
6. **classID, class** : 해당 오디오가 분류되는 라벨 정보입니다.

| 04. URBAN SOUND 데이터셋 |

데이터셋 활용

1 음성 데이터 전처리 해보기

주어진 음성 신호들은 길이가 모두 다르고 부여된 salience 값들이 다르기 때문에 딥러닝 모델에 입력으로 넣기 위해서는 크기를 통일시켜야 합니다. 데이터를 경로에서 로드하여 이를 위한 전처리 과정을 진행해 봅시다.

2 음성 데이터 시각화 해보기

음성 신호는 시간의 변화에 따라 변화하는 음성 신호의 주파수로 표현할 수 있습니다. 즉, 시간과 각 음성 신호가 가지는 주파수를 x축과 y축으로 정의된 2차원의 데이터를 표현할 수 있습니다. 이 때 주파수의 크기에 따라 각기 다른 색으로 표현해줌으로써 2차원의 이미지 데이터를 획득할 수 있습니다. 또한, 음성 분류 모델은 이미지 분류 모델을 통해서도 이루어질 수 있습니다. 이를 위해서 주파수 변환을 통해 이미지 분류에 활용되는 모델에 사용 가능하도록 2차원의 이미지 데이터를 추출해 봅시다.

3 전체 학습을 통해 음성 분류하기

딥러닝을 이용하여 학습데이터로 주어진 10개의 클래스에 대해서 학습을 진행한 뒤에 분류 성능에 대한 평가를 해봅시다.

데이터셋 예시

1. 원 데이터 (Raw Data)

URBAN SOUND 데이터셋은 상기 명시한 공식 사이트에서 직접 압축 파일을 다운 받거나, 코드로 url에 접근하여 다운받을 수 있습니다. 후자의 방법은 후술할 코드에서 설명합니다. 다운받은 압축 파일을 해제하게 되면 10개의 폴더에 데이터들이 나눠 저장되어 있습니다. 그리고 각 폴더안에는 데이터들의 일련번호, class, salience 정보들이 파일 이름을 통해 제시되고 있습니다.

2. 시각화 데이터

시각화 데이터의 경우 각 음성 데이터를 시간에 따른 주파수에 대한 신호로 변환한 후 신호의 크기에 따라 각기 다른 색으로 표현한 데이터입니다. 이를 통해 음성 데이터를 하나의 이미지로 간주하고 분류를 진행할 수 있습니다. 데이터셋 코드에 있는 이에 대한 예시 코드를 통해 아래 음성 파일에 대한 시각화 데이터 이외에 다양한 데이터에 대해서도 확인할 수 있습니다.

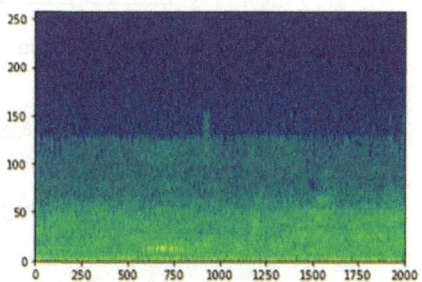

[그림] URBAN SOUND 데이터셋 음성 파일에 대한 스펙토그램

데이터셋 코드

####### 데이터 처리에 필요한 라이브러리를 선언하는 부분 #######
%matplotlib inline

!pip install torchaudio
!pip install opendatasets –upgrade --quiet

import torch
import torch.nn as nn
from torchvision import datasets, transforms
from torch.utils.data import Dataset
import torchaudio
import pandas as pd
import numpy as np
import soundfile as sf
import torchaudio.transforms as AT
import os
import matplotlib.pyplot as plt
import opendatasets as od
##

################# 데이터셋 다운로드 #################
from google.colab import files
files.upload()   #upload kaggle.json
※ 이 코드를 실행하면 어떤 파일을 업로드하라는 창이 생길 것입니다. 코드를 통해서 간편하게 데이터셋을 다운받기 위해서는 kaggle 홈페이지에서 dataset을 사용해도 된다는 인증서 역할의 kaggle.json 파일을 미리 다운 받아야 합니다. kaggle 로그인 > 우측상단 사진 > My Account > Create New API Token

!pip install -q kaggle
!mkdir -p ~/.kaggle
!cp kaggle.json ~/.kaggle/
!ls ~/.kaggle
!chmod 600 /root/.kaggle/kaggle.json

import opendatasets as od
# 데이터셋 다운로드 : 아래 코드를 실행하면 디렉토리에 데이터셋이 생기는 것을 확인할 수 있습니다.

```python
dataset_url = 'https://www.kaggle.com/chrisfilo/urbansound8k'
od.download(dataset_url)
##################################################


############## 데이터 전처리 클래스 정의 ##############
class UrbanSoundDataset(Dataset):
  # 1을 통해 csv파일에 접근하고,
  # 1. csv_path : UrbanSound8K csv 파일 경로
  # 2. file_path : UrbanSound8K 오디오 파일 경로
  # 3. folderList : 폴더 목록 (디폴트 : 1~9)

  def __init__(self, csv_path, file_path, folderList):
    csvData = pd.read_csv(csv_path)

# 아래 리스트에 오디오 파일의 이름과 클래스, 위치가 순서에 맞게 채워집니다.
    self.file_names = []
    self.labels = []
    self.folders = []
    for i in range(0, len(csvData)):
        # 5번째 인자가 위치한 폴더 번호입니다.
        if csvData.iloc[i, 5] in folderList:
            self.file_names.append(csvData.iloc[i, 0])
            self.labels.append(csvData.iloc[i, 6])
            self.folders.append(csvData.iloc[i, 5])
    self.file_path = file_path
    self.folderList = folderList

  def __getitem__(self, index):
    path = self.file_path + "/fold" + str(self.folders[index]) + "/" + self.file_names[index]
    # soundData는 (음성데이터, sampling rate)으로 구성되어 있는 튜플입니다.
    sound = torchaudio.load(path) # 음성 데이터를 텐서로 반환
    sampling_rate = sound[1]
    soundData = list(sound)
# 배경 소리가 섞여 있는 경우 타겟 소리와 평균을 낸다.
    soundData[0] = torch.mean(soundData[0], 0).unsqueeze(dim=0)
    soundData[0] = torch.transpose(soundData[0], 1, 0)
```

Ⅲ. 음성 데이터셋

데이터셋 코드

```
        soundData = tuple(soundData)

        # 너무 짧은 오디오 파일들을 위한 템플릿 데이터, 제로패딩으로 길이를 통일
        tempData = torch.zeros([160000, 1])
        if soundData[0].numel() < 160000:
            tempData[:soundData[0].numel()] = soundData[0]
        else:
            tempData[:] = soundData[0][:160000]
        soundData = tempData

        return soundData, self.labels[index], sampling_rate

    def __len__(self):
        return len(self.file_names)
###################################################


################# 트레인/테스트 로더 #################
csv_path = '/content/urbansound8k/UrbanSound8K.csv'  # csv파일 위치
file_path = '/content/urbansound8k'                  # 폴더들 위치

train_set = UrbanSoundDataset(csv_path, file_path, range(1,10))
test_set = UrbanSoundDataset(csv_path, file_path, [10])
print("Train set size: " + str(len(train_set))) # 7895
print("Test set size: " + str(len(test_set))) # 837, 합은 8732
train_loader = torch.utils.data.DataLoader(train_set, batch_size = 1, shuffle = True)
test_loader = torch.utils.data.DataLoader(test_set, batch_size = 1, shuffle = True)
###################################################


############## 스펙토그램 생성 함수 정의 ##############
spectrogram = nn.Sequential(AT.Spectrogram(n_fft=512,
        win_length=200, hop_length=80), AT.AmplitudeToDB() )
###################################################


################ 폴더 생성 함수 정의 #################
def createFolder(directory):
```

```python
    try:
        if not os.path.exists(directory):
            os.makedirs(directory)
    except OSError:
        print('Error: Creatingdirectory. ' + directory)
####################################################


######## 폴더 생성 함수 정의 (생성된 음성파일 다운로드) #########
labels
= ['air_conditioner', 'car_horn', 'children_playing', 'dog_bark', 'drilling', 'enginge_idling',
'gun_shot', 'jackhammer', 'siren', 'street_music']

cnts = torch.zeros(1,10) # 각 클래스내의 음성파일들 개수 카운팅 -) 넘버링
for i in range(len(labels)):                        # 클래스별 폴더 생성
    createFolder( './urbansound/{}'.format(labels[i]))

for i in range(len(train_loader)):
    sound = train_loader.dataset[i][0]
    label = train_loader.dataset[i][1]
    sampling_rate = train_loader.dataset[i][2]
    sf.write( './urbansound/{}/{}_{}.wav'.format(labels[label], labels[label],
            int(cnts[0,label])), sound, sampling_rate)       # 음성 파일 저장

    spec = spectrogram(sound.squeeze())
    plt.pcolor(spec)
    plt.savefig( './urbansound/{}/{}_{}.jpg'.        # 이미지 파일 저장
            format(labels[label],labels[label],int(cnts[0,label])), )
    cnts[0,label] += 1
####################################################
```

데이터셋 | 음성 데이터셋

05 Speech Command 데이터셋

난이도 ★★★
흥미도 ★★★
형태 wav 파일

Speech Command 데이터셋은 하나의 단어에 대해 영어 발음으로 음성으로 녹음한 음성 데이터셋입니다. 현재 데이터는 0.02 버전을 기반으로 하고 있으며, 버전이 향상될수록 보다 많은 클래스를 포함하고 있습니다. Speech Command 데이터셋은 일상적인 언어에 대한 음성 인식을 목적으로 하기보다도, 구글 어시스턴트나, 빅스비, 시리 등을 호출할 때 사용하는 방식의 짧은 키워드를 인식하는 음성 인식에 목적을 두고 있습니다. 데이터셋의 모든 클래스가 하나의 단어로만 이루어진 것도 그런 이유입니다. 클래스 별로 많은 데이터를 포함하고 있고, 데이터셋의 목적 자체가 낮은 컴퓨팅 환경에서의 활용에 있기 때문에 상대적으로 입문자 이상의 레벨에 적합한 데이터셋입니다.

※ 데이터를 다운로드하는 과정에 많은 시간을 필요로 합니다.

데이터셋 명
- Speech Command

데이터 카테고리
- 음성

데이터셋 목적
- 분류(Classification) / 지도학습(Supervised Learning)

데이터셋 링크
https://arxiv.org/abs/1804.03209

데이터셋 특징
- Speech Command 데이터셋은 핸드폰이 "헤이, 구글", "하이, 빅스비"와 같은 단어들을 인식하는 것처럼 특정 키워드를 인식하는 음성 인식 기술에 초점을 둔 데이터셋입니다. 따라서, 데이터셋의 모든 클래스가 하나의 단어로만 이루어져있습니다. 현재 버전의 경우 총 35개의 클래스로 구성되어 있습니다.

05. Speech Command 데이터셋

※ 원본데이터와의 차이점
원본 데이터의 경우에는 각 클래스 별로 적게는 약 1,600 개의 음성파일 많게는 4,000여 개의 음성파일을 포함하고 있습니다. 하지만, 본 데이터셋에서는 접근성을 위해 각 데이터에서 특정 개수 만큼의 데이터를 추출하도록 하였습니다. 현재 설정된 데이터는 10개로 설정되어 있으며, 이는 코드를 통해 수정할 수 있습니다.

데이터셋 구성

- Speech Command에서 클래스는 영어로 녹음된 단어를 나타냅니다. 전체 클래스는 35개로 구성되어 있으며, 해당 클래스 들은 아래와 같습니다.

  ① 35개의 키워드

  backward, bed, bird, cat, dog, down, eight, five, follow, forward, four, go, happy, house, learn, left, marvin, nine, no, off, on, one, right, seven, sheila, six, stop, three, tree, two, up, visual, wow, yes, zero)

데이터셋 활용

1 음성 데이터 전처리 해보기

음성 신호는 시간의 변화에 따라 변화하는 음성 신호의 주파수로 표현할 수 있습니다. 즉, 시간과 각 음성 신호가 가지는 주파수를 x축과 y축으로 정의된 2차원의 데이터를 표현할 수 있습니다. 이 때 주파수의 크기에 따라 각기 다른 색으로 표현해줌으로써 2차원의 이미지 데이터를 획득할 수 있습니다. 음성 분류 모델은 이미지 분류 모델을 통해서도 이루어질 수 있습니다. 이를 위해서 주파수 변환을 통해 이미지 분류에 활용되는 모델에 사용가능하도록 2차원의 이미지 데이터를 추출해 봅시다.

2 학습데이터, 테스트 데이터 분류하기

인공지능을 통해 학습한 회귀분석 모델의 정확성을 파악하기 위해서는 학습데이터와 테스트 데이터의 완전한 분류가 필요합니다. 이를 위해서는 주어진 데이터셋을 다양한 비율로 분류할 수 있습니다.
[7(학습) : 3(테스트), 8(학습) : 2(테스트)]

3 전체 학습을 통해 음성 분류하기

교과서에서 나오는 다양한 신경망 모델에 대해서 학습데이터로 주어진 2개의 클래스에 대해서 학습을 진행한 뒤에 모델의 변화에 따른 분류 성능의 차이에 대한 분석을 해봅시다.

Ⅱ. 음성 데이터셋

1. 원 데이터 (Raw Data)

Speech Command 데이터셋의 경우 각각의 데이터가 하나의 음성 파일(wav)로 구성되어 있습니다. 데이터는 아래 [그림 1]과 같이 분류되어 저장되어 있습니다. 각 클래스별로 하나의 폴더를 구성하고 있으며, 폴더의 하위 경로에 각 클래스에 대한 음성 파일들이 저장되어 있습니다. Speech Command 데이터셋의 경우엔, 각 클래스 별로 10개의 음성파일로 총 350개의 음성 파일로 구성되어 있으며, 클래스 별 음성파일의 개수는 코드를 통해서 수정가능합니다.

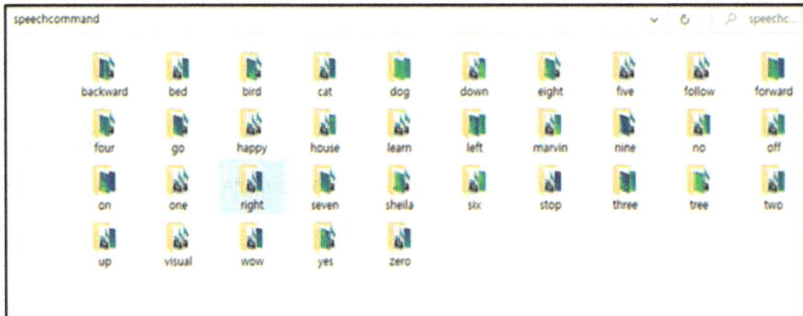

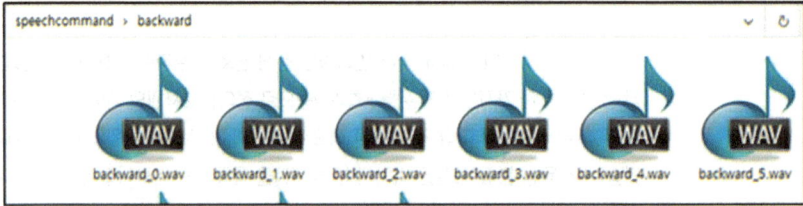

[그림 1] Speech Command 데이터셋 원본 데이터 저장 형태

2. 시각화 데이터

시각화 데이터의 경우 각 음성 데이터를 시간에 따른 주파수에 대한 신호로 변환한 후 신호의 크기에 따라 각기 다른 색으로 표현한 데이터입니다. 이를 통해 음성 데이터를 하나의 이미지로 간주하고 분류를 진행할 수 있습니다. 데이터셋 코드에 있는 이에 대한 예시 코드를 통해 아래 음성 파일에 대한 시각화 데이터 이외에 다양한 데이터에 대해서도 확인 할 수 있습니다.

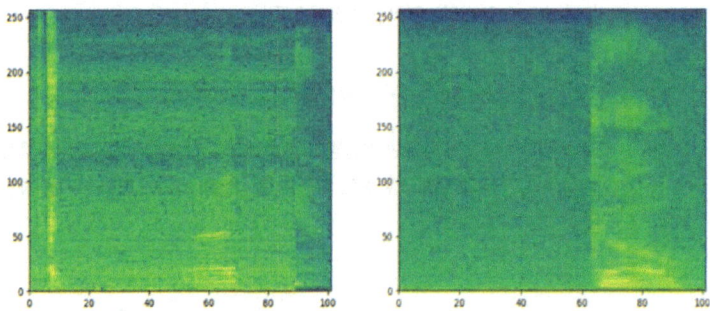

[그림 2] Speech Command 데이터셋에 대한 시각화 데이터 예시

| 05. Speech Command 데이터셋 |

데이터셋 코드

데이터 처리에 필요한 라이브러리를 선언하는 부분
```
import torchaudio
import torch
import torch.nn as nn
import torchaudio.transforms as AT
import matplotlib.pyplot as plt
import soundfile as sf
import os
########################################
```

음성/시각화 데이터 저장 폴더 생성 함수 선언하는 부분
```
def createFolder(directory):
    try:
        if not os.path.exists(directory):
            os.makedirs(directory)
    except OSError:
        print('Error: Creatingdirectory. ' + directory)
############################################
```

pytorch 라이브러리를 통한 데이터셋 다운로드
```
audios  = torchaudio.datasets.SPEECHCOMMANDS('./', download = True )
######################################
```

순차적 데이터 처리를 위한 데이터 로더 선언
```
data_loader = torch.utils.data.DataLoader(audios,  batch_size=1, shuffle=True)
######################################
```

데이터 시각화를 위한 spectrogram 함수 선언
```
spectrogram = nn.Sequential( AT.Spectrogram(n_fft=512, win_length=400, hop_length=160), AT.AmplitudeToDB() )
```

※ 데이터 시각화 변수 정하기
데이터 시각화를 위한 spectrogram 함수에는 n_fft/ win_length / hop_length 와 같은 변수들이 있습니다. 이는 음성신호를 변환할 때 얼마만큼의 음성신호를 얼마 만큼의 길이로 쪼개주어 변환

Ⅲ. 음성 데이터셋

데이터셋 코드

시킬지에 관련된 변수로, 일반적으로 샘플링 레이트를 기준으로 정해지게 됩니다. hop_length의 경우 샘플링 레이트에 0.01, win_length의 경우 0.025, n_fft의 경우 win_length 보다 같거나 크면서 2의 거듭제곱형태로 이루어진 값을 선택하여줍니다.

ex) 16kHz 의 샘플링 레이트의 가지고 있는 데이터셋의 경우 hop_length는 160, win_length는 400, n_fft는 400이상의 값 중 2의 거듭제곱꼴에서 가장 가까운 것(512)을 선택해주는 것이 일반적입니다.

##

음성 신호를 Spectrogram 파일과 wav 파일로 저장하는 부분
dicts={}
for data in data_loader:
   audio = data[0][0]
   y = data[2][0]

   if y in dicts:
      dicts[y] += 1
   else:
      dicts[y] = 0
      createFolder(y)

   if dicts[y] < 10:
      sf.write('./{}/{}_{}/_.wav'.format(y,y,dicts[y]) ,torch.transpose(audio,0,1), data[1].item())
      spec = spectrogram(audio)
      plt.pcolor(spec[0])
      plt.savefig('./{}/{}_{}.jpg' .format(y,y,dicts[y]))

※ 딕셔너리를 통한 클래스별 데이터 추출

음성데이터의 경우 여타 데이터들보다 데이터의 사이즈가 크기 때문에, 입문 과정에서 간단히 활용하기에 어려움이 있습니다. 따라서, 파이썬의 딕셔너리를 활용하여 클래스별로 딕셔너리를 생성하여 주고 생성된 딕셔너리 안에 현재까지 처리된 해당 클래스에 속하는 데이터를 카운팅하여 줍니다. if문을 통해 각 클래스에 해당하는 데이터가 들어올 때 마다 딕셔너리 안의 값을 증가시켜줍니다. 그리고 딕셔너리값의 문턱값을 정해두고 해당 문턱값이상 될 경우 음성 파일 저장 및 전처리 등을 진행하지 않도록 하였습니다.

※ 음성신호를 wav 파일로 저장하기

dataset에서 받아오는 waveform 신호는 channel(=1) x frame의 사이즈의 신호입니다.
sf.write를 통해 음성신호를 저장하려면 frame x channel 의 사이즈로 구성을 변경해줘야 합니다.

- torch.transpose를 통해 0번째와 1번째 차원의 순서를 바꿔주고 이를 두 번째 입력으로 넣어 음성 신호를 저장하였습니다.

첫 번째 입력은 원하는 파일 경로와 파일 이름을 설정할 수 있습니다. spectrogram 폴더와 구분되도록 waveform 폴더안에, 화자의 id와 문장 종류 id를 이어서 파일이름을 만들어 구분이 용이하게 해도 좋습니다.

세 번째 입력은 해당 음성 신호의 sample_rate를 입력하여 적절한 재생속도로 데이터가 저장되게 해줍니다.

##

데이터셋 | 음성 데이터셋

06 GTZan 데이터셋

| 난이도 ★★★
| 흥미도 ★★★★
| 형태 wav 파일

GTZan 데이터셋은 음악의 장르를 구분하는 것을 목적으로 하는 데이터로, 10가지 장르(blues, classical, country, disco, hiphop, jazz, metal, pop, reggae, rock) 각각에 대해 100개의 음성 파일을 포함하고 있습니다. 각각의 음성파일은 약 30초가량의 길이로 구성되어 있습니다. MGR(Music Genre Recognition)에서 사용되는 대표적인 데이터셋 중 하나입니다.

※ 데이터를 다운로드하는 과정에 많은 시간을 필요로 합니다.

데이터셋 명
- GTZan 데이터셋

데이터 카테고리
- 음성

데이터셋 목적
- 분류(Classification) / 지도학습(Supervised Learning)

데이터셋 링크
https://www.kaggle.com/andradaolteanu/gtzan-dataset-music-genre-classification

데이터셋 특징
- GTZan 데이터셋은 10가지 종류의 음악 장르(블루스, 클래식, 컨츄리, 디스코, 힙합, 재즈, 메탈, 팝, 레게, 락)에 해당하는 30초 가량의 음성파일로 구성되어 있습니다. 이때, 원본 데이터에는 각 장르 별로 100개의 음성파일을 포함하고 있어, 총 1,000개의 음성파일로 구성되어 있습니다.

※ 원본 데이터와의 차이점

원본 GTZan 데이터셋의 경우 충분한 데이터를 제공해주긴 하지만 데이터셋의 크기가 커서 간편하게 활용하기에는 어려움이 있습니다. 따라서, 학생들이 더욱 간편하게 데이터에 접근하기 위해서 각 클래스 별로 5개의 데이터만을 추출하였습니다. 이를 통해, 학생들은 보다 간단히 GTZan 데이터를 통해 음악 장르 구분에 대한 이해를 할 수 있으며, 심화된 이해를 위해 원본 데이터셋을 활용하는 것은 제공되는 코드를 통해 추출하는 개수를 수정하는 방식을 통해 가능합니다.

| 06. GTZan 데이터셋 |

데이터셋 구성

- GTZan 데이터셋은 약 30초 가량의 음성 파일과 해당 음성 파일이 속하는 10개의 음악 장르 클래스로 구성되어 있습니다.

① 블루스　② 클래식　③ 컨츄리　④ 디스코　⑤ 힙합
⑥ 재즈　⑦ 메탈　⑧ 팝　⑨ 레게　⑩ 락

데이터셋 예시

1. 원 데이터 (Raw Data)

Speech Command 데이터셋의 경우 각각의 데이터가 하나의 음성 파일(wav)로 구성되어 있습니다. 데이터는 아래 [그림 1]과 같이 분류되어 저장되어 있습니다. 각 클래스별로 하나의 폴더를 구성하고 있으며, 폴더의 하위 경로에 각 클래스에 대한 음성 파일들이 저장되어 있습니다. Speech Command 데이터셋의 경우엔, 각 클래스 별로 10개의 음성파일로 총 350개의 음성 파일로 구성되어 있으며, 클래스 별 음성파일의 개수는 코드를 통해서 수정가능합니다.

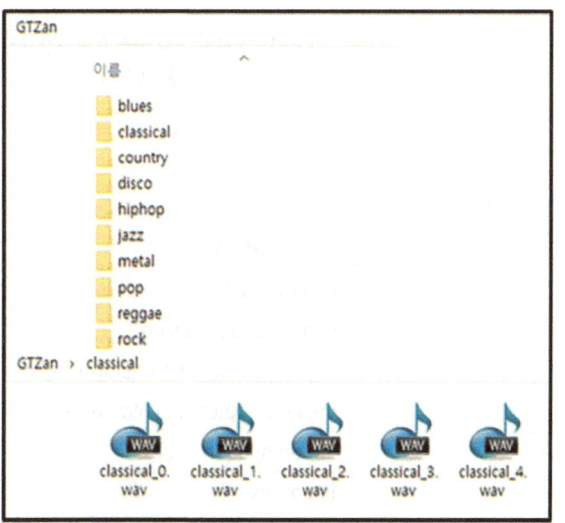

[그림 1] GTZan 데이터셋 원본 데이터 저장 형태

2. 시각화 데이터

시각화 데이터의 경우 각 음성 데이터를 시간에 따른 주파수에 대한 신호로 변환한 후 신호의 크기에 따라 각기 다른 색으로 표현한 데이터입니다. 이를 통해 음성 데이터를 하나의 이미지로 간주하고 분류를 진행할 수 있습니다. 데이터셋 코드에 있는 이에 대한 예시 코드를 통해 아래 음성 파일에 대한 시각화 데이터 이외에 다양한 데이터에 대해서도 확인 할 수 있습니다.

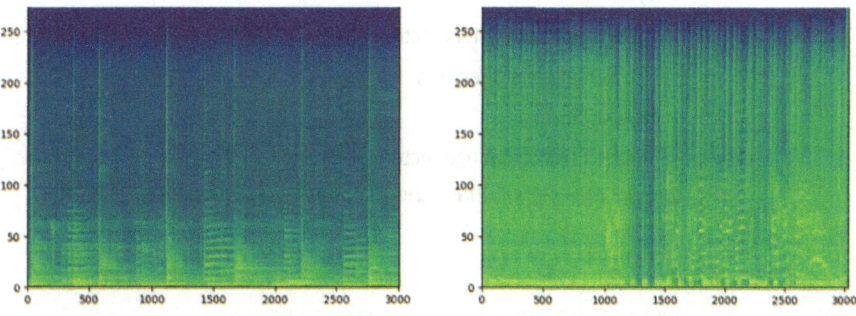

[그림 2] GTZan 데이터셋의 시각화 데이터 예시

Ⅲ. 음성 데이터셋

데이터셋 활용

1 음성 데이터 전처리 해보기

음성 신호는 시간의 변화에 따라 변화하는 음성 신호의 주파수로 표현할 수 있습니다. 즉, 시간과 각 음성 신호가 가지는 주파수를 x축과 y축으로 정의된 2차원의 데이터를 표현할 수 있습니다. 이 때 주파수의 크기에 따라 각기 다른 색으로 표현해줌으로써 2차원의 이미지 데이터를 획득할 수 있습니다. 음성 분류 모델은 이미지 분류 모델을 통해서도 이루어질 수 있습니다. 이를 위해서 주파수 변환을 통해 이미지 분류에 활용되는 모델에 사용가능하도록 2차원의 이미지 데이터를 추출해 봅시다.

인공지능과 미래사회 p.72

2 전체 학습을 통해 음성 분류하기

VGG16 모델을 바탕으로 학습데이터로 주어진 10개의 클래스에 대해서 학습을 진행한 뒤에 분류 성능에 대한 평가를 해보자.

데이터셋 코드

```
### 데이터 처리에 필요한 라이브러리를 선언하는 부분 ###
import torchaudio
import torch
import torch.nn as nn
import torchaudio.transforms as AT
import matplotlib.pyplot as plt
import soundfile as sf
import os
##########################################


### 음성/시각화 데이터 저장 폴더 생성 함수 선언하는 부분 ###
def createFolder(directory):
    try:
        if not os.path.exists(directory):
            os.makedirs(directory)
    except OSError:
        print('Error: Creatingdirectory.' + directory)
##########################################


### pytorch 라이브러리를 통한 데이터셋 다운로드 ###
audios  = torchaudio.datasets.GTZAN('./', download =True)
##########################################
```

순차적 데이터 처리를 위한 데이터 로더 선언
data_loader = torch.utils.data.DataLoader(audios, batch_size=1, shuffle=True)
##

데이터 시각화를 위한 spectrogram 함수 선언
spectrogram = nn.Sequential(AT.Spectrogram(n_fft=550, win_length=550, hop_length=220), AT.AmplitudeToDB())

※ 데이터 시각화 변수 정하기
데이터 시각화를 위한 spectrogram 함수에는 n_fft/ win_length / hop_length 와 같은 변수들이 있습니다. 이는 음성신호를 변환할 때 얼마만큼의 음성신호를 얼마 만큼의 길이로 쪼개주어 변환시킬지에 관련된 변수로, 일반적으로 샘플링 레이트를 기준으로 정해지게 됩니다.
hop_length의 경우 샘플링 레이트에 0.01, win_length의 경우 0.025, n_fft의 경우 win_length 보다 같거나 크면서 2의 거듭제곱형태로 이루어진 값을 선택하여줍니다.

ex) 22kHz 의 샘플링레이트의 가지고 있는 데이터셋의 경우 hop_length는 220, win_length는 550, n_fft는 200이상의 값 중 2의 거듭제곱 꼴에서 가장 가까운 것을 선택해주는 것이 일반적이나 데이터 크기 자체가 상당히 크지 않은 경우 win_length와 동일한 값으로 설정하여도 됩니다.
(속도와 연관)
##

음성 신호를 Spectrogram 파일과 wav 파일로 저장하는 부분
```
dicts={}
for data in data_loader:
    audio = data[0][0]
    y = data[2][0]

    if y in dicts:
        dicts[y] += 1
    else:
        dicts[y] = 0
        createFolder(y)

    if dicts[y] < 5:
        sf.write('./{}/{}_{}.wav'.format(y,y,dicts[y]) ,torch.transpose(audio,0,1), data[1].item())
        spec = spectrogram(audio)
```

데이터셋 코드

```
plt.pcolor(spec[0])
plt.savefig('./{}/{}_{}.jpg'.format(y,y,dicts[y]))
```

※ 딕셔너리를 통한 클래스별 데이터 추출
음성데이터의 경우 여타 데이터들보다 데이터의 사이즈가 크기 때문에, 입문 과정에서 간단히 활용하기에 어려움이 있습니다. 따라서, 파이썬의 딕셔너리를 활용하여 클래스별로 딕셔너리를 생성하여 주고 생성된 딕셔너리 안에 현재까지 처리된 해당 클래스에 속하는 데이터를 카운팅하여 줍니다.
if 문을 통해 각 클래스에 해당하는 데이터가 들어올 때 마다 딕셔너리 안의 값을 증가시켜줍니다. 그리고 딕셔너리값의 문턱값을 정해두고 해당 문턱값이상 될 경우 음성 파일 저장 및 전처리 등을 진행하지 않도록 하였습니다.

※ 음성신호를 wav 파일로 저장하기
dataset에서 받아오는 waveform 신호는 channel(=1) x frame의 사이즈의 신호입니다. sf.write를 통해 음성신호를 저장하려면 frame x channel 의 사이즈로 구성을 변경해줘야 합니다. torch.transpose를 통해 0번째와 1번째 차원의 순서를 바꿔주고 이를 두 번째 입력으로 넣어 음성 신호를 저장하였습니다.
첫 번째 입력은 원하는 파일 경로와 파일 이름을 설정할 수 있습니다. spectrogram 폴더와 구분되도록 waveform 폴더안에, 화자의 id와 문장 종류 id를 이어서 파일이름을 만들어 구분이 용이하게 해도 좋습니다.
세 번째 입력은 해당 음성 신호의 sample_rate를 입력하여 적절한 재생속도로 데이터가 저장되게 해줍니다.
##

데이터셋 | 음성 데이터셋

07 LJSpeech 데이터셋

난이도 ★★★★
흥미도 ★★
형 태 wav 파일

LJSpeech 데이터셋은 영어 음성 데이터로, 키워드가 아닌 실제 일상적인 음성에 대한 연구에서 활용되고 있습니다. 동일한 사람이 7개의 비문학 도서의 일부분을 읽는 음성파일이 약 13,100개로 구성되어 있습니다. 1에서 10초 사이의 다양한 길이의 음성 데이터가 다양한 화자와 다양한 종류의 문장과 단어로 구성되어 있습니다. 단순히 분류에 그치는 것이 아닌 주어진 음성 파일의 내용을 인식하는 것으로 기존의 분류에 관련한 모델보다 더 심화된 모델의 학습과 테스트에 적합한 데이터셋입니다.
※ 데이터를 다운로드하는 과정에 많은 시간을 필요로 합니다.

데이터셋 명	• LJSpeech 데이터셋
데이터 카테고리	• 음성
데이터셋 목적	• 인식(Recognition) / 지도학습(Supervised Learning)
데이터셋 링크	https://keithito.com/LJ-Speech-Dataset/
데이터셋 특징	• 주어진 음성 파일이 어떤 문장을 읽었는지에 대한 정답 데이터가 존재하여 이를 통한 학습이 가능합니다. 단어보다 긴 길이의 스피치 음성을 텍스트로 인식하여 변환하는 ASR(Automatic Speech Recognition) 시스템에 주로 사용되므로, 유한하게 정해진 클래스가 존재하진 않습니다. 학습을 위해 다양한 전처리 버전의 데이터가 존재하고, 각 데이터들은 다양한 화자들의 음성으로 구성되어 있습니다.

Ⅲ. 음성 데이터셋

※ **음성 인식 기술**

스마트폰의 발전과 함께 생활 속에서 점점 친숙해지는 기술이 바로 음성 인식 기술입니다. 스마트폰의 인공지능 비서 서비스 또한 이러한 기술을 이용하여 우리의 말소리를 정보로 변환하고, 이해하게 됩니다. 음성 인식 (ASR) 기술은 주로 사람이 발화한 문장이 담긴 음성 파일을 인식하여, 처리가 보다 편한 텍스트 데이터로 변환하는 기술로부터 시작합니다. 현재 소개하는 이 Librispeech 데이터셋과 같은 데이터를 이용하여 해당 모델의 학습이 가능합니다. 이후 문장 텍스트로부터 문맥 정보를 이용하여 정보를 추출하는 기술, 그에 반응하여 알맞은 대답 문장을 형성해내는 기술, 그리고 그 문장 텍스트를 음성 소리로 변환하는 기술로 이어져, 우리의 일상 속 스마트기기와의 대화가 가능해지는 것입니다.

현재 소개하는 데이터셋은 유한한 클래스가 정해져 있어 그 클래스로 예측하여 분류하는 일반적인 분류 모델을 위한 데이터셋은 아닙니다. 연속적인 단어의 모음인 문장이 음성신호로 구성되어 있고, 이들을 입력받아 분포를 파악하여 문장 텍스트를 만들어내는 기술에 사용됩니다.

데이터셋 구성

- LJSpeech 데이터셋은 1에서 10사이의 길이를 가진 음성데이터와 해당 데이터문장으로 구성되어 있습니다.

- 데이터셋 모듈을 이용해서 데이터에 접근해보면, 한 샘플에 다양한 종류의 데이터가 존재합니다. 음성 신호가 담긴 waveform, 해당 음성의 샘플링 레이트인 sample_rate, 음성 신호의 정답 라벨과 같은 대본 transcript, 정규화 처리된 normalized_transcript로 구성되어 있습니다. sample_rate를 활용하여 음성 신호인 waveform을 다루고, 모델을 통과한 예측을 정답 텍스트인 normalized_transcript와 비교하며 학습하는 용도로 활용이 가능합니다.

데이터셋 활용

인공지능과 미래사회 p.72

1 음성 데이터 전처리 해보기

음성 신호는 시간의 변화에 따라 변화하는 음성 신호의 주파수로 표현할 수 있습니다. 즉, 시간과 각 음성 신호가 가지는 주파수를 x축과 y축으로 정의된 2차원의 데이터를 표현할 수 있습니다. 이때 주파수의 크기에 따라 각기 다른 색으로 표현해줌으로써 2차원의 이미지 데이터를 획득할 수 있습니다. 음성 분류 모델은 이미지 분류 모델을 통해서도 이루어질 수 있습니다. 이를 위해서 주파수 변환을 통해 이미지 분류에 활용되는 모델에 사용가능하도록 2차원의 이미지 데이터를 추출해 봅시다.

2 음성 인식 (ASR) 기술과 세부 기술에 대해 알아보기 (심화)

Q1-1 음성 인식 (ASR) 기술에 대해 알아봅시다.

Q1-2 그 중 AM(Acoustic Model)에 대해 알아보고, 데이터가 처리되는 흐름을 파악해봅시다.

Q1-3 음성 인식 기술 중 LM(Language Model)에 대해 알아보고, 단어의 처리와 문장의 처리는 어떤 점이 다른지 생각해봅시다..

| 07. LJSpeech 데이터셋 |

데이터셋 예시

1. 원 데이터 (Raw Data)

LJSpeech 데이터셋의 경우 각각의 데이터가 하나의 음성 파일(wav)로 구성되어 있습니다. 데이터는 아래 [그림 1]과 같이 분류되어 저장되어 있습니다. 따로 클래스가 존재하지 않기 때문에 하나의 폴더의 하위 경로로 추출된 음성 파일들이 번호로 저장되어 있습니다. 각 번호에 대한 음성에 대한 라벨은 csv 파일로 저장되어 있습니다. 총 100개의 음성 파일을 추출하였으며, 이는 코드를 통해서 수정가능합니다.

2. 시각화 데이터

시각화 데이터의 경우 각 음성 데이터를 시간에 따른 주파수에 대한 신호로 변환한 후 신호의 크기에 따라 각기 다른 색으로 표현된 데이터입니다. 이를 통해 음성 데이터를 하나의 이미지로 간주하고 분류를 진행할 수 있습니다. 데이터셋 코드에 있는 이에 대한 예시 코드를 통해 아래 음성 신호에 대한 시각화 데이터 이외에 다양한 데이터에 대해서도 확인 할 수 있습니다.

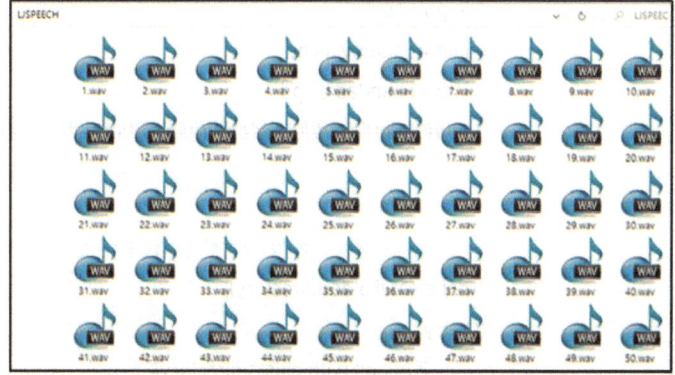

[그림 1] LJSpeech 데이터셋 데이터 저장 형태

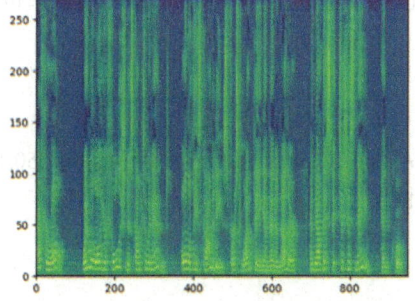 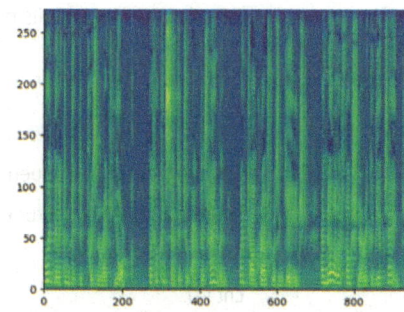

[그림 2] LJSpeech 데이터셋 음성 신호에 대한 시각화 데이터 예시

Ⅲ. 음성 데이터셋

데이터셋 코드

```
### 데이터 처리에 필요한 라이브러리를 선언하는 부분 ###
import torchaudio
import torch
import torch.nn as nn
import torchaudio.transforms as AT
import matplotlib.pyplot as plt
import soundfile as sf
import os
import numpy as np
import pandas as pd
############################################


### 음성/시각화 데이터 저장 폴더 생성 함수 선언하는 부분 ###
def createFolder(directory):
    try:
        if not os.path.exists(directory):
            os.makedirs(directory)
    except OSError:
        print('Error: Creatingdirectory.' + directory)
############################################


### pytorch 라이브러리를 통한 데이터셋 다운로드 ###
audios  = torchaudio.datasets.LJSPEECH('./', download = True )


### 순차적 데이터 처리를 위한 데이터 로더 선언 ###
data_loader = torch.utils.data.DataLoader(audios,  batch_size=1, shuffle=True)


### 데이터 시각화를 위한 spectrogram 함수 선언 ###
spectrogram = nn.Sequential( AT.Spectrogram(n_fft=550, win_length=550, hop_length=220), AT.AmplitudeToDB() )


cnt =0
createFolder('./LJSPEECH')
#dicts={}
```

```
labels =[]
speechs=[]

for data in data_loader:
    cnt +=1
    audio = data[0][0]
    
    sf.write('./{}/{}.wav'.format('LJSPEECH',cnt) ,torch.transpose(audio,0,1), data[1].item())
    spec = spectrogram(audio)
    plt.pcolor(spec[0])
    plt.savefig('./{}/{}.jpg'.format('LJSPEECH',cnt))
    
    y = data[2][0]
    labels.append(y)
    speechs.append(data[3][0])
    
    if cnt ==100:
        break
```

※ 음성신호를 wav 파일로 저장하기
dataset에서 받아오는 waveform 신호는 channel(=1) x frame의 사이즈의 신호입니다.
sf.write를 통해 음성신호를 저장하려면 frame x channel 의 사이즈로 구성을 변경해줘야 합니다.
torch.transpose를 통해 0번째와 1번째 차원의 순서를 바꿔주고 이를 두 번째 입력으로 넣어 음성신호를 저장하였습니다.
첫 번째 입력은 원하는 파일 경로와 파일 이름을 설정할 수 있습니다. spectrogram 폴더와 구분되도록 waveform 폴더안에, 화자의 id와 문장 종류 id를 이어서 파일이름을 만들어 구분이 용이하게 해도 좋습니다.
세 번째 입력은 해당 음성 신호의 sample_rate를 입력하여 적절한 재생속도로 데이터가 저장되게 해줍니다.

```
### 라벨 데이터 저장 ###
pd.DataFrame(np.asarray(labels)).to_csv('./LJSPEECH/label.csv')
pd.DataFrame(np.asarray(speechs)).to_csv('./LJSPEECH/speech.csv')
##################
```

데이터셋 | 음성 데이터셋

08 Librispeech 데이터셋

- 난이도 ★★★★
- 흥미도 ★★★
- 형태 wav 파일

Librispeech 데이터셋은 영어 음성 데이터로, 음성 인식 연구에서 널리 사용되고 있습니다. 사용자 참여형 오디오북 프로젝트인 LibriVox project를 통해 구축된 데이터셋으로, 16kHz로 샘플링된 음성 데이터들입니다. 학습에 적합하도록 여러 버전으로 전처리된 데이터를 사용할 수 있습니다. 다양한 길이의 음성 데이터가 다양한 화자와 다양한 종류의 문장과 단어로 구성되어 있습니다. 10초가 넘는 문장의 음성 파일도 다수 포함되어 있기에, 더 심화된 모델의 학습과 테스트에 적합한 데이터셋입니다.

※ 데이터를 다운로드하는 과정에 많은 시간을 필요로 합니다.

데이터셋 명	• Librispeech 데이터셋
데이터 카테고리	• 음성
데이터셋 목적	• 인식(Recognition) / 지도학습(Supervised Learning)
데이터셋 링크	http://www.openslr.org/11/
데이터셋 특징	• 주어진 음성 파일이 어떤 문장을 읽었는지에 대한 정답 데이터가 존재하여 이를 통한 학습이 가능합니다. 단어보다 긴 길이의 스피치 음성을 텍스트로 인식하여 변환하는 ASR(Automatic Speech Recognition) 시스템에 주로 사용되므로, 유한하게 정해진 클래스가 존재하진 않습니다. 학습을 위해 다양한 전처리 버전의 데이터가 존재하고, 각 데이터들은 다양한 화자들의 음성으로 구성되어 있습니다.

※ 음성 인식 기술

스마트폰의 발전과 함께 생활 속에서 점점 친숙해지는 기술이 바로 음성 인식 기술입니다. 스마트폰의 인공지능 비서 서비스 또한 이러한 기술을 이용하여 우리의 말소리를 정보로 변환하고, 이해하게 됩니다. 음성 인식 (ASR) 기술은 주로 사람이 발화한 문장이 담긴 음성 파일을 인식하여, 처리가 보다 편한 텍스트 데이터로 변환하는 기술로부터 시작합니다. 현재 소개하는 이 Librispeech 데이터셋과 같은 데이터를 이용하여 해당 모델의 학습이 가능합니다. 이후 문장 텍스트로부터 문맥 정보를 이용하여 정보를 추출하는 기술, 그에 반응하여 알맞은 대답 문장을 형성해내는 기술, 그리고 그 문장 텍스트를 음성 소리로 변환하는 기술로 이어져, 우리의 일상 속 스마트기기와의 대화가 가능해지는 것입니다.

현재 소개하는 데이터셋은 유한한 클래스가 정해져 있어 그 클래스로 예측하여 분류하는 일반적인 분류 모델을 위한 데이터셋은 아닙니다. 연속적인 단어의 모음인 문장이 음성신호로 구성되어 있고, 이들을 입력받아 분포를 파악하여 문장 텍스트를 만들어내는 기술에 사용됩니다.

데이터셋 구성

- 참여형 오디오북 프로젝트 LibriVox project에서 추출된 음성 데이터로, 다양한 길이의 문장의 음성 파일로 구성되어 있습니다. torchaudio의 dataset에 포함되어 있으며, 학습에 활용하기 좋게 다양한 버전으로 전처리가 되어있습니다. Dev-clean, Test-clean, Dev-other, Test-other, Train-clean-100, Train-clean-360의 종류가 있습니다. 학습에 사용하기 위해 방대한 양의 데이터를 포함하는 Train-clean-100과 Train-clean-360은 각각 약 100시간, 360시간 분량의 스피치로 구성되어 있습니다. 모델을 전문적으로 학습시키기 위해서는 데이터의 양이 많으면 좋지만, 입문 과정에서는 적당한 양으로 연습하여 익혀나가는 것도 큰 도움이 되므로, 총 5.4시간의 스피치로 구성된 Test-clean 데이터를 주로 사용해보겠습니다.

- 데이터셋 모듈을 이용해서 데이터에 접근해보면, 한 샘플에 다양한 종류의 데이터가 존재합니다. 음성 신호가 담긴 waveform, 해당 음성의 샘플링 레이트인 sample_rate, 음성 신호의 정답 라벨과 같은 문장 텍스트 데이터인 utterance, 이 샘플의 화자 정보인 speaker_id, 현재 문장의 챕터 정보인 chapter_id와 그리고 문장 데이터를 구분하기 위한 번호인 utterance_id로 구성되어 있습니다. sample_rate를 활용하여 음성 신호인 waveform을 다루고, 모델을 통과한 예측을 정답 텍스트인 utterance와 비교하며 학습하는 용도로 활용이 가능합니다.

데이터셋 활용

1 음성 데이터 전처리 해보기

음성 신호는 시간의 변화에 따라 변화하는 음성 신호의 주파수로 표현할 수 있습니다. 즉, 시간과 각 음성 신호가 가지는 주파수를 x축과 y축으로 정의된 2차원의 데이터를 표현할 수 있습니다. 이때 주파수의 크기에 따라 각기 다른 색으로 표현해줌으로써 2차원의 이미지 데이터를 획득할 수 있습니다. 음성 분류 모델은 이미지 분류 모델을 통해서도 이루어질 수 있습니다. 이를 위해서 주파수 변환을 통해 이미지 분류에 활용되는 모델에 사용가능하도록 2차원의 이미지 데이터를 추출해 봅시다.

인공지능과 미래사회 p.71

2 음성 인식 (ASR) 기술과 세부 기술에 대해 알아보기 (심화)

Q1-1 음성 인식 (ASR) 기술에 대해 알아봅시다.

Q1-2 그 중 AM(Acoustic Model)에 대해 알아보고, 데이터가 처리되는 흐름을 파악해봅시다.

Q1-3 음성 인식 기술 중 LM(Language Model)에 대해 알아보고, 단어의 처리와 문장의 처리는 어떤 점이 다른지 생각해봅시다.

Ⅲ. 음성 데이터셋

1. 원 데이터 (Raw Data)

Librispeech 데이터셋은 torchaudio의 dataset을 통해 접근할 수 있습니다. 각 샘플은 음성 데이터가 담긴 waveform과 sample_rate, 그리고 문장의 정답인 utterance 데이터를 포함합니다. 다양한 화자가 균일한 시간의 발화시간을 가지고, 다양한 길이의 문장을 녹음한 음성 파일로 구성되어 있습니다. 이 음성파일은 간단한 작업을 통해 wav 파일로 저장이 가능합니다.

2. 시각화 데이터

시각화 데이터의 경우 각 음성 데이터를 시간에 따른 주파수에 대한 신호로 변환한 후 신호의 크기에 따라 각기 다른 색으로 표현한 데이터입니다. 이를 통해 음성 데이터를 하나의 이미지로 간주하고 분류를 진행할 수 있습니다. 데이터셋 코드에 있는 이에 대한 예시 코드를 통해 아래 음성 신호에 대한 시각화 데이터 이외에 다양한 데이터에 대해서도 확인 할 수 있습니다.

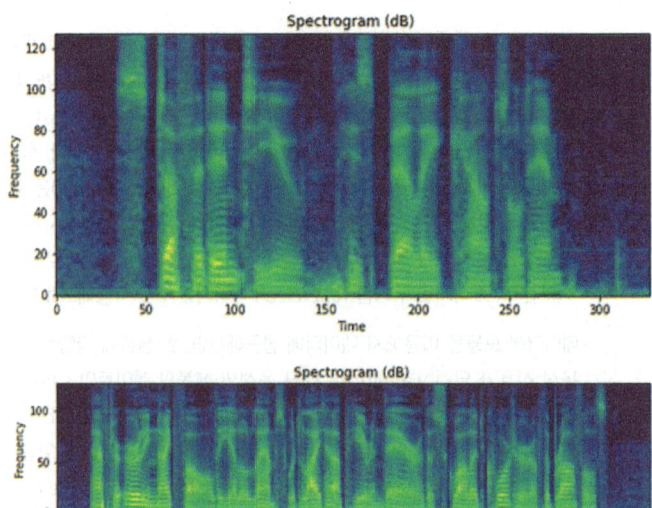

[그림 1] LibriSpeech 데이터셋 음성 신호에 대한 시각화 데이터 예시

데이터셋 코드

```
### 데이터 처리에 필요한 라이브러리를 선언하는 부분 ###
import os                        %% 운영체제 사용을 위한 라이브러리
import torch
import torchaudio                %% Librispeech 데이터 사용을 위한 라이브러리
import numpy as np
import librosa
import librosa.display            %% spectrogram 형성을 위한 라이브러리
import matplotlib.pyplot as plt
import soundfile as sf            %% 음성 파일 저장을 위한 라이브러리
```

torchaudio 모듈이 없을 경우 pip install torchaudio를 통한 설치가 가능합니다.
##########################

데이터를 다운받아 데이터셋을 만드는 부분
datapath = '파일 경로'
test_c_dataset = torchaudio.datasets.LIBRISPEECH(root = datapath, url = 'test-clean', download = True)
waveform, sr, utt, speaker_id, chapter_id, utt_id = test_c_dataset[0]

※ 다운로드 파일 저장 경로 선언
ex) './DATA'- 현재 폴더에 DATA이라는 폴더를 만들고 그 내부에 원하는 종류의 파일을 저장합니다. 현재 코드는 url='test-clean'이므로 test-clean.tar.gz 파일이 저장됩니다.

※ datasets 다운로드 - torchaudio.datasets.LIBRISPEECH()
첫 번째 인수는 root로 데이터셋의 저장 경로를 설정합니다.
두 번째 인수는 url으로 데이터셋 타입을 설정합니다. 총 6개의 타입이 있습니다. 'dev-clean', 'dev-other', 'test-clean', 'test-other', 'train-clean-100', 'train-clean-360'. 전문적인 학습을 진행할 예정은 아니며, 'train-clean-100'만 해도 용량이 5기가가 넘고 총 발화시간이 100시간에 달하는 방대한 양이므로, 우리는 'test-clean'데이터셋을 이용하여 데이터를 다루는 법을 학습해보겠습니다.
네 번째 인수는 download로, True로 설정 시 첫 번째 인수로 넣는 경로에 데이터를 다운로드합니다. 이미 해당 경로에 데이터가 존재한다면 추가로 다운로드를 진행하지는 않습니다. url 인수에서 설정한 데이터셋의 tar.gz파일만 다운로드하므로, 'test-clean' 설정 시 적당한 용량의 데이터만 다운로드 한다는 장점이 있지만, 다른 종류의 데이터셋을 설정하는 경우, 새로 다운로드 받아야 합니다. False로 설정 시 첫 번째 인수의 경로에 있는 데이터를 사용하게 됩니다.

※ LibriSpeech 데이터셋 구성
데이터셋의 첫 번째 샘플을 이용하여 데이터셋의 구성을 확인해 볼 수 있습니다.
waveform : 음성 파일로 가공할 수 있는 음성 데이터가 tensor 타입으로 저장되어있습니다. channel x frame 의 차원으로 구성되어있어 필요시 가공하여 다른 함수 또는 모듈에 입력으로 넣을 수 있습니다.
sample_rate : 위에서는 줄여서 sr이라는 변수에 담은 샘플링 레이트 값입니다. Hz 단위의 값으로, 음성 데이터인 waveform 중 몇 개의 값을 1초 동안의 소리로 간주할 것인지에 대한 정보입니다. waveform의 길이가 32000이고, sample_rate가 16000이라면 16000개의 데이터를 묶어 1초로 파악하게 되고, 이 음성신호는 2초 길이의 신호로 간주할 수 있습니다. LibriSpeech 데이터셋은 전부 16kHz의 sample_rate로 설정되어있습니다.

Ⅲ. 음성 데이터셋

데이터셋 코드

utterance : waveform에 해당하는 음성 신호의 정답인 텍스트 정보입니다. 같은 문장을 여러 명의 화자가 녹음하는 형식으로 데이터셋이 구성되었습니다.
speaker_id : 화자의 id를 의미하는 숫자 정보입니다. test-clean 데이터에서는 총 40명의 화자로 구성되어 화자당 총 약 8분 길이의 스피치로 데이터를 구성하였습니다.
chapter_id : 현재 문장의 챕터 정보를 의미하는 id입니다.
utt_id : 문장의 종류를 구분하는 id 정보입니다. 같은 문장을 여러 화자가 녹음하여 데이터를 생성했을 가능성이 높습니다.
###


```
### 음성 신호를 Spectrogram 파일과 wav 파일로 저장하는 부분 ###
os.makedirs('파일경로/spectrogram', exist_ok = True )
os.makedirs('파일경로/waveform', exist_ok = True )

for waveform, sr, utt, sp_id, chap_ip, utt_id in test_c_dataset :

  waveform_np = waveform.squeeze(0).numpy()
  y = librosa.feature.melspectrogram(waveform_np, sr, n_fft = 800, hop_length = 160)
  log_spectrogram = librosa.power_to_db(y)

  fig = plt.figure(figsize=(10,4))
  plt.imshow(log_spectrogram, origin = 'lower', interpolation = None,
        cmap='viridis', aspect=1.1)
  plt.xlabel("Time")
  plt.ylabel("Frequency")
  plt.title("Spectrogram (dB)")
  fig.savefig( '파일경로/spectrogram/{}_{}.png'.format(sp_id,utt_id) )
  plt.clf()
  plt.close()
  waveform_tp = torch.transpose(waveform, 0, 1)
  sf.write( '파일경로/waveform/{}_{}.wav'.format(sp_id, utt_id), waveform_tp, sr)
```

※ os.makedirs()를 이용하여 클래스 종류별 폴더 생성하기
라벨별로 구분을 위해서는 클래스 별로 폴더를 미리 생성해야 합니다. exist_ok가 True로 되어있다면, 원하는 이름의 폴더가 이미 존재하더라도 오류없이 코드가 진행됩니다.
spectrogram과 waveform 음성 파일을 각각 폴더에 저장하고 싶다면 미리 두 종류의 폴더를 생성해줍니다.

test_c_dataset에서 6가지 정보를 순서대로 불러와서 처리합니다. 데이터의 구성은 위에 설명되어 있습니다.

※ spectrogram을 생성하고 사진 파일로 저장하기
1. librosa.feature.melspectrogram()
첫 번째 입력은 1개 차원으로 구성된 numpy ndarray 타입의 음성 신호 데이터여야 합니다. dataset에서 불러온 waveform 신호는 channel(=1) x frame의 두 차원이므로 첫 번째 차원인 channel을 squeeze(0)으로 제거해주고, numpy()를 통해 ndarray 타입으로 변경해줍니다.
두 번째 입력은 sample_rate를 입력해줍니다.
세 번째 입력은 n_fft로 fast fourier transform의 윈도우 사이즈로 librispeech 데이터셋의 고정된 sample rate를 고려하여 적절한 값으로 설정해줍니다.
네 번째 입력은 hop_length로, 적절한 값으로 설정해줍니다.
2. librosa.power_to_db()를 통해 log_spectrogram을 만들어줍니다.
3. plt를 통해 사진을 생성하여 fig.savefig를 통해 원하는 경로에 저장해줍니다. 화자 id와 문장 id를 차례로 이어서 구분이 편하게 저장하여도 좋습니다.

문자열 표현 중 {}를 포함한 뒤, format()을 이어붙여 순서대로 값을 대입할 수 있습니다.
'{}+{}={}'.format(1, 2, 1+2) -> '1+2=3'으로 출력됩니다.

※ 음성신호를 wav 파일로 저장하기
dataset에서 받아오는 waveform 신호는 channel(=1) x frame의 사이즈의 신호입니다.
sf.write를 통해 음성신호를 저장하려면 frame x channel 의 사이즈로 구성을 변경해줘야 합니다. torch.transpose를 통해 0번째와 1번째 차원의 순서를 바꿔주고 이를 두 번째 입력으로 넣어 음성 신호를 저장하였습니다.
첫 번째 입력은 원하는 파일 경로와 파일 이름을 설정할 수 있습니다. spectrogram 폴더와 구분되도록 waveform 폴더안에, 화자의 id와 문장 종류 id를 이어서 파일이름을 만들어 구분이 용이하게 해도 좋습니다.
세 번째 입력은 해당 음성 신호의 sample_rate를 입력하여 적절한 재생속도로 데이터가 저장되게 해줍니다.
####################################

데이터셋 | 음성 데이터셋

09 Bird Audio Detection challenge 데이터셋 데이터셋

- 난이도 ★★★
- 흥미도 ★★★
- 형태 wav 파일

Bird Audio Detection challenge 데이터셋은 다양한 장소에서 녹음되어 다양한 경로로 수집된 녹음된 음성파일들로 구성되어 있습니다. 새소리 존재 여부에 따라 0과 1로 라벨링 되어 있는 매우 간단하고 전형적인 이진 분류 데이터 형식을 가지고 있습니다. 따라서 음성 신호를 입력으로 받아 새소리 존재 여부를 예측하는 분류 모델에 주로 활용될 수 있습니다. 새소리 감지 기술은 자동화된 야생동물 모니터링에서 중요한 기술 중 하나이며, 대량 음성데이터 수집과 더불어 분류나 식별 이전에 선행되어야 하는 작업입니다.

※ 데이터를 다운로드하는 과정에 많은 시간을 필요로 합니다.

| 데이터셋 명 | • Bird Audio Detection challenge 데이터셋 |

| 데이터 카테고리 | • 음성 |

| 데이터셋 목적 | • 이진분류(Binary Classification) / 지도학습(Supervised Learning) / 도메인 일반화 (Domain Generalization/Adaptation) |

| 데이터셋 링크 | http://dcase.community/challenge2018/task-bird-audio-detection |

| 데이터셋 특징 | • Bird Audio Detection challenge의 중요 목적은 새로운 조건에서의 일반화입니다. 즉, 특정 조건과 환경에서 수집된 음성 데이터셋으로 학습된 네트워크는 그 조건에 편향될 가능성이 크기 때문에 다른 조건에서 녹음된 낯선 음성이 입력으로 들어갔을 때 취약한 특성을 보입니다. 따라서 실질적인 bird detect 툴로 사용하기가 어렵습니다. 이러한 문제점을 보완하기 위해서 해당 challenge에서는 특정 데이터셋을 train과 validation으로 분리하는 것이 아닌, 처음부터 전혀 다른 train set과 validation set을 사용하는 전략을 취합니다. 이를 domain adaptation이라고 합니다. 예를 들어, 나의 모델이 산 새소리 음성으로만 학습하다가, 바닷새 소리를 판별해야 한다면 제대로 예측을 하지 못할 것입니다. 따라서 해당 챌린지에서는 서로 다른 train셋(3종류)과 validation셋(3종류)을 사용하는 것을 권장합니다. (3-way cross-validation) |

데이터셋 구성

- 아래의 그림과 같이, 3가지의 train 데이터셋은 공통적으로 음성파일마다 itemid(음성 일련번호), datasetid(데이터셋 종류), hasbird(새 존재여부)의 항목을 갖습니다. 다만, 음성파일의 소스와 녹음된 장소 등이 다르기 때문에 데이터 분포가 다릅니다.

itemid	datasetid	hasbird
759808e5-f824-401e-9058	warblrb10k	1
1d94fc4a-1c63-4da0-9cac	warblrb10k	1
bb0099ce-3073-4613-8557	warblrb10k	1
c4c67e81-9aa8-4af4-8eb7	warblrb10k	1
ab322d4b-da69-4b06-a065	warblrb10k	0
519cfbe6-f804-4add-baa3	warblrb10k	0

1. Development datasets

1) freefield1010 (Field recordings, worldwide) : FreeSound라는 프로젝트 아래, 전 세계에서 녹음된 7,690개의 음성파일 데이터셋입니다. 따라서 장소나 환경적으로 다양한 분포를 가집니다. (5.8GB)

2) warblrb10k (Crowdsourced dataset, UK) : Warblr라는 새 인식 어플리케이션 유저들의 크라우드소싱에 의해 수집된 8,000개의 데이터셋입니다. 영국 전역에서 스마트폰으로 녹음된 음성파일로 구성되어 있으며 날씨에 의한 잡음이나 교통 잡음, 사람의 말소리, 심지어는 사람이 새소리를 모사한 가짜 소리까지 포함되어 있습니다. (4.3GB)

3) BirdVox-DCASE-20k (Remote monitoring flight calls, USA) : 2015년 BirdVox 프로젝트 아래, 뉴욕 이타카 근방에서 수집된 20,000개의 음성파일 데이터셋입니다. (15.4GB)

2. Evaluation datasets

1) warblrb10k : 위에서 설명한 것과 같은 조건에서 수집된 또 다른 2,000개의 음성파일 셋입니다. (1.3 GB)

2) Chernobyl (Remote monitoring dataset, Chernobyl) : 체르노빌 접근금지구역(CEZ)에서 수집된 6,620개의 음성파일입니다. 이 데이터는 방사능이 생태계에 미치는 장기적인 영향력을 분석하기 위해 수집된 데이터이기 때문에 날씨나 큰 포유동물, 곤충에 의한 잡음이 섞인 다양한 종류의 새 음성들을 포함합니다. (5.3GB)

3) PolandNFC (Remote monitoring night-flight calls, Poland) : 가을 야행성 철새의 이주를 모니터링하기 위해 수집된 4,000개의 음성파일로 비, 바람, 바다, 곤충, 사람, 동물소리에 의한 배경 잡음이 섞여 있습니다. (2.3 GB)

Ⅲ. 음성 데이터셋

데이터셋 활용

1 음성 데이터 전처리 해보기

주어진 음성 신호들은 길이가 모두 다르기 때문에 딥러닝 모델에 입력으로 넣기 위해서는 크기를 통일시켜야 합니다. 데이터를 경로에서 로드하여 이를 위한 전처리과정을 진행해 봅시다.

2 음성 데이터 시각화 해보기

음성 신호는 시간의 변화에 따라 변화하는 음성 신호의 주파수로 표현할 수 있습니다. 즉, 시간과 각 음성 신호가 가지는 주파수를 x축과 y축으로 정의된 2차원의 데이터를 표현할 수 있습니다. 이때 주파수의 크기에 따라 각기 다른 색으로 표현해줌으로써 2차원의 이미지 데이터를 획득할 수 있습니다. 또한, 음성 분류 모델은 이미지 분류 모델을 통해서도 이루어질 수 있습니다. 이를 위해서 주파수 변환을 통해 이미지 분류에 활용되는 모델에 사용 가능하도록 2차원의 이미지 데이터를 추출해 봅시다.

3 전체 학습을 통해 음성 분류하기 / 도메인 일반화 적용해보기

Q3-1 딥러닝을 이용하여 train 데이터를 train/validation셋으로 나누어 train 셋으로 모델을 학습시킨 후, validation 셋으로 성능을 평가해보자.

Q3-2 이번에는 cross-validation을 적용하여 두 개의 데이터셋을 로드하여 각각 train과 validation셋으로 활용하여 결과를 비교해보자.

데이터셋 예시

1. 원 데이터 (Raw Data)
Bird Audio Detection challenge 데이터셋은 상기 명시한 공식 사이트에서 직접 압축 파일과 각 파일들의 정보가 명시된 csv 파일을 다운 받을 수 있습니다. 전략에 따라 원하는 train셋과 test셋을 선택하여 다운받습니다.

2. 시각화 데이터
시각화 데이터의 경우 각 음성 데이터를 시간에 따른 주파수에 대한 신호로 변환한 후 신호의 크기에 따라 각기 다른 색으로 표현한 데이터입니다. 이를 통해 음성 데이터를 하나의 이미지로 간주하고 분류를 진행할 수 있습니다. 데이터셋 코드에 있는 이에 대한 예시 코드를 통해 아래 음성 파일에 대한 시각화 데이터 이외에 다양한 데이터에 대해서도 확인할 수 있습니다.

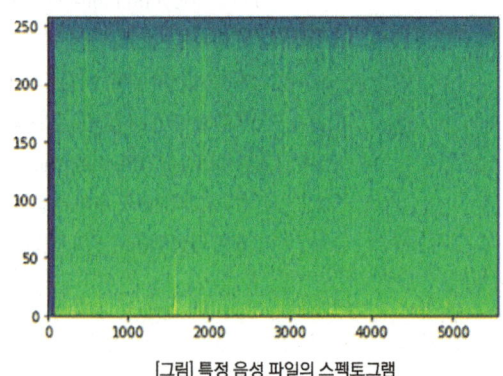

[그림] 특정 음성 파일의 스펙토그램

| 09. Bird Audio Detection challenge 데이터셋 데이터셋 |

데이터셋 코드

다음 코드는 Development datasets 중 warblrb10k을 불러오는 코드 예시입니다. 같은 방법으로 evaluation datasets로 testloader를 구성할 수 있습니다.

```
####### 데이터 처리에 필요한 라이브러리를 선언하는 부분 #######
!pip install torchaudio

import torch
import torch.nn as nn
from torch.utils.data import Dataset
import pandas as pd
import torchaudio
import numpy as np
import soundfile as sf
import torchaudio.transforms as AT
import os
import matplotlib.pyplot as plt
#################################################


################# 데이터셋 업로드 #################
from google.colab import files
uploaded = files.upload()         # 데이터셋(zip) 업로드
!unzip -uq "/content/warblrb10k_public_wav.zip" -d "/content/wav"

uploaded = files.upload()         # csv파일 업로드
#################################################


############## 데이터 전처리 클래스 정의 ##############
class BirdSoundDataset(Dataset):
  # 인자 목록
  # 1. csv_path : UrbanSound8K csv 파일 경로
  # 2. file_path : UrbanSound8K 오디오 파일 경로

  def __init__(self, csv_path, file_path):
    csvData = pd.read_csv(csv_path)
    # 아래 리스트에 오디오 파일의 이름과 클래스가 들어갑니다.
    self.file_names = []
```

193

데이터셋 코드

```python
    self.labels = []
    for i in range(0,len(csvData)):
      self.file_names.append(csvData.iloc[i, 0])
      self.labels.append(csvData.iloc[i, 2])

    self.file_path = file_path

  def __getitem__(self, index):
    path = self.file_path + "/" + self.file_names[index] + ".wav"
   # soundData는 (음성데이터, sampling rate)으로 구성되어있는 튜플입니다.
    soundData = torchaudio.load(path)
   # 뒤에 나올 음성 파일 저장을 위해서는 리스트를 세로형으로 바꿔줘야 합니다.
    sound = soundData[0].transpose(1,0)
    sampling_rate = soundData[1]

    return sound, self.labels[index], sampling_rate


  def __len__(self):
    return len(self.file_names)
##################################################


################# 트레인 로더 #################
csv_path = '/content/warblrb10k_public_metadata_2018.csv'
file_path = '/content/wav'

train_set = BirdSoundDataset(csv_path, file_path)
print("Train set size:" + str(len(train_set)))

train_loader = torch.utils.data.DataLoader(train_set, batch_size = 1, shuffle = True)
##################################################


############# 스펙토그램 생성 함수 정의 #############
spectrogram = nn.Sequential(AT.Spectrogram(n_fft=512,
     win_length=200, hop_length=80), AT.AmplitudeToDB() )
##################################################
```

```
############### 폴더 생성 함수 정의 #################
def createFolder(directory):
    try:
        if not os.path.exists(directory):
            os.makedirs(directory)
    except OSError:
        print('Error: Creatingdirectory.' + directory)
##################################################


############## 생성된 음성파일 다운로드 #################
labels = ['Presence', 'Absence']
cnts = torch.zeros(1,2)              # 두 클래스내의 음성파일들 개수 카운팅
for i in range(len(labels)):
    createFolder('./birdsound/{}'.format(labels[i]))

for i in range(len(train_loader)):
    sound = train_loader.dataset[i][0]
    label = train_loader.dataset[i][1]
    sampling_rate = train_loader.dataset[i][2]
    sf.write('./birdsound/{}/{}_{}.wav'.format(labels[label], labels[label], int(cnts[0,label])),
        sound, sampling_rate)

    spec = spectrogram(sound.squeeze())
    if i==0:                          # 스펙토그램 한개 출력해보기
        plt.pcolor(spec)
    plt.savefig('./birdsound/{}/{}_{}.jpg'.format(labels[label],labels[label],int(cnts[0,label])), )

    cnts[0,label] += 1
##################################################
```

데이터셋 | 음성 데이터셋

10 TIMIT 데이터셋

난이도 ★★★
흥미도 ★★
형태 wav 파일

TIMIT 데이터셋은 음성 인식 기술을 위한 데이터셋으로, 딥러닝의 초창기부터 평가를 위해 일반적으로 사용되던 데이터셋입니다. 미국의 8가지 방언을 사용하는 총 630명의 화자가 각각 10개의 영어 문장을 읽고 녹음하여 데이터를 구성하였습니다. 음성 파일의 샘플링 레이트는 모두 16kHz이고, 간단한 문장부터 복잡한 문장까지 다양하게 구성하였습니다. 방언과 화자별로 파일이 나뉘어 있어 학습 등을 위해서는 미리 처리가 필요하지만, 다른 데이터들에 비해 데이터의 총 용량이 크지 않아 다루기 적합한 데이터셋입니다. TIMIT에서는 음소 순서 인식 데이터도 제공하여 그를 활용한 모델의 학습에도 활용할 수 있지만, 심화 내용이므로, 접근성을 위하여 원본 음성 파일과 해당 문장의 정답 텍스트를 활용할 수 있도록 데이터를 가공하였습니다.

※ 데이터를 다운로드하는 과정에 많은 시간을 필요로 합니다.

데이터셋 명
- 분류(Classification) / 지도학습(Supervised Learning)

데이터 카테고리
- 음성

데이터셋 목적
- 이진분류(Binary Classification) / 지도학습(Supervised Learning) / 도메인 일반화(Domain Generalization/Adaptation)

데이터셋 링크
https://catalog.ldc.upenn.edu/LDC93S1

데이터셋 특징
- TIMIT 데이터셋은 미국의 8가지 방언을 사용하는 총 630명의 사람이 각각 10문장 씩 읽어 구성된 데이터셋입니다. 초창기부터 사용되던 기본 데이터이자, 용량이 크지 않아 비교적 다루기 용이한 데이터셋입니다. 음성 파일과 정답이 되는 문장 데이터를 활용하여 음성 인식 모델에 활용할 수 있고, 추가로 단어 단위로 구분되고, 음소(Phoneme) 단위로 구분된 라벨 데이터도 존재하여 음소 순서 인식도 고려한 활용도 가능합니다. train과 test를 위한 데이터가 나뉘어 있어 구분하여 데이터를 처리할 수 있습니다

10. TIMIT 데이터셋

※ 음소, 단어, 문장 인식의 차이

음성 인식 기술이란 사람이 말한 소리를 기기가 듣고, 그에 해당하는 텍스트로 변환하는 기술을 의미합니다. 스마트폰 등의 인공지능 비서 서비스를 예로 들면, 사람의 말을 듣고, 다시 알맞은 대답을 하기까지의 과정 중, 음성 인식 기술은 그 첫 과정이라 할 수 있습니다. 이러한 음성 인식 기술에서 기기가 음성 신호를 잘 인식하기 위해서 말소리를 어떤 단위로 인식하면 좋을까요?

문장 단위는 가장 의미가 많이 담긴 만큼, 단어 사이의 문맥이란 정보도 존재하여 이 단위로 알아듣는 것은 어려울 것입니다. 단어는 적당한 길이를 가지고 있어 음성 인식 기술에서도 많이 사용되는 단위이지만, 단어가 정답 라벨로 사용되는 경우를 생각해보면 정답의 선택지가 매우 많아 어려움이 있습니다. 더 정확한 인식을 위해서 단어보다 더 짧은 단위인 음소를 도입하는 기술도 존재합니다.

'wash' = w + aa + sh 등과 같이 비교적 한정된 숫자의 음소를 라벨로 두어 짧은 단위를 인식한 뒤 그들을 조합해 알맞은 단어를 찾아내는 방식입니다. 라벨의 차원이 작아 활용이 가능하지만, 해당 모델을 위해서는 음소 단위로 분석된 데이터가 필요합니다. 지금 소개하는 TIMIT 데이터셋은 해당 데이터도 포함하여 이러한 서비스에도 활용될 수 있다는 장점이 있습니다.

데이터셋 특징

- TIMIT 데이터셋은 미국의 8개 방언을 사용하는 630명의 화자가 각 10개의 문장을 녹음한 데이터입니다. 화자 당 녹음하는 10개의 문장은 세 종류로 구분할 수 있습니다. 데이터 파일의 이름은 문장의 종류와 번호로 되어있습니다.

    SA : 모든 방언, 모든 화자에 대해 녹음된 공통 문장입니다. 화자가 녹음하는 각 10개의 문장 중 이 종류의 2개 문장은 전부 동일한 문장입니다.
    SX : 화자가 녹음하는 각 10개의 문장 중 5개의 문장을 차지하며, 비교적 간단한 종류의 문장입니다. 7명의 화자가 동일한 5개의 문장을 공유합니다.
    SI : 화자가 녹음하는 각 10개의 문장 중 3개의 문장을 차지하며, 비교적 복잡한 종류의 문장입니다. 화자별로 전부 문장이 다르도록 구성되어 있습니다.

- 폴더가 train, test로 나뉘고, 그 안에서 첫 번째 분류는 방언의 종류에 따라 DR1 ~ DR8의 폴더로 나뉩니다. 각 폴더 안에는 해당 방언을 사용하는 화자별로 폴더가 나뉘고, 화자 폴더 내부에는 10개 문장에 대한 데이터들이 존재합니다.

- 1개 문장에 대해서, 5개의 파일이 존재합니다. 이름은 위에서 언급한 3종류의 문장구분 알파벳과 식별 번호로 구성되어있고, 이후 5개의 확장자 표시가 각각 붙어있습니다. 그 중 저희가 다루게 되는 것은 원본 음성파일인 .wav파일과 문장의 정답 텍스트 정보가 담긴 .txt 형식의 파일입니다. 구분이 매우 체계적으로 되어있지만, 필요한 파일과 데이터를 묶어서 활용하기 위해서는 전처리가 필요합니다. 예시 코드를 참고하면, 약간 복잡하지만 원하는 데이터를 추출할 수 있습니다.

데이터셋 활용

1 음성 데이터 전처리 해보기

음성 신호는 시간의 변화에 따라 변화하는 음성 신호의 주파수로 표현할 수 있습니다. 즉, 시간과 각 음성 신호가 가지는 주파수를 x축과 y축으로 정의된 2차원의 데이터를 표현할 수 있습니다. 이때 주파수의 크기에 따라 각기 다른 색으로 표현해줌으로써 2차원의 이미지 데이터를 획득할 수 있습니다. 음성 분류 모델은 이미지 분류 모델을 통해서도 이루어질 수 있습니다. 이를 위해서 주파수 변환을 통해 이미지 분류에 활용되는 모델에 사용가능하도록 2차원의 이미지 데이터를 추출해 봅시다.

인공지능과 미래사회 p.71

Ⅲ. 음성 데이터셋

2 폴더 별로 분류된 데이터에서 원하는 데이터 추출하기

TIMIT 데이터셋은 방언과 화자별로 잘 구분되어 저장되어 있습니다. 아래 예시 코드를 활용하여 원하는 파일에서 데이터를 추출하여, 활용하기 쉽게 가공하는 방법을 익혀봅시다.

3 음성 인식 기술에 대해 알아보기

음성 인식 기술에 대해 알아보고, 그를 위한 모델에는 어떤 것들이 있는지 알아봅시다. 음성 인식 모델의 입력으로, 음성 신호를 단어 단위로 자르는 것과 음소 단위로 자르는 것에 어떤 차이가 있는지 생각해봅시다.

데이터셋 예시

0. 압축 파일
wav 파일은 아래 예시 코드의 wget 함수를 이용해 다운로드 받을 수 있습니다.

1. 원 데이터 (Raw Data)
TIMIT 데이터는 train 혹은 test 폴더 내에 / data / DR1 ~ DR8 / 화자 정보 / 파일들 의 구성으로 파일에 접근할 수 있습니다. 파일의 이름은 위에서 설명한 3가지 문장 종류별 알파벳과 식별 번호로 되어 있습니다. 파일은 여러 종류가 있지만 그 중 저희는 다음 두 가지를 중점으로 다루겠습니다.

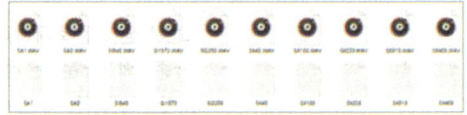

[그림 1] TIMIT 데이터셋 원본 데이터 저장 형태

.wav 파일 : 음성 파일로, 독특하게 '이름.WAV.wav'의 형태로 되어있습니다. '이름.WAV'라는 파일도 존재하므로 이것과 헷갈리지 않게 주의하여야 합니다.

.TXT 파일 : 텍스트 파일로 세 가지 정보를 담고 있습니다. 세 번째 정보는 정답이 되는 문장 텍스트입니다. 해당 문장이, 원본 음성 파일에서 어느 부분에 존재하는지 시작과 끝의 데이터 인덱스를 첫 번째와 두 번째 정보로 포함합니다. 문장 전체이므로 시작은 항상 0이고, 마지막은 항상 음성 파일의 끝을 의미합니다. 이 파일에서 문장만 추출하는 작업도 진행해보겠습니다.

> 0 63488 She had your dark suit in greasy wash water all year.

[그림 2] TIMIT 데이터 파일 중 txt 파일 내용 예시

2. 시각화 데이터
시각화 데이터의 경우 각 음성 데이터를 시간에 따른 주파수에 대한 신호로 변환한 후 신호의 크기에 따라 각기 다른 색으로 표현한 데이터입니다. 이를 통해 음성 데이터를 하나의 이미지로 간주하고 분류를 진행할 수 있습니다. 데이터셋 코드에 있는 이에 대한 예시 코드를 통해 아래 음성 파일에 대한 시각화 데이터 이외에 다양한 데이터에 대해서도 확인 할 수 있습니다.

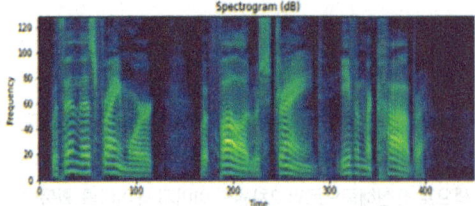 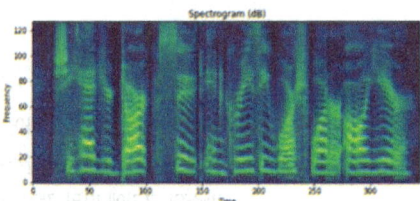

[그림 3] TIMIT 데이터셋 음성 파일에 대한 시각화 데이터 예시

| 10. TIMIT 데이터셋 |

데이터셋 코드

데이터 처리에 필요한 라이브러리를 선언하는 부분
import os   %% 운영체제 사용을 위한 라이브러리
import torch
import numpy as np
import librosa   %% spectrogram을 생성을 위한 라이브러리
import librosa.display
import matplotlib.pyplot as plt
import soundfile as sf   %% wav file을 저장하기 위한 라이브러리
import zipfile   %% zip 파일 추출을 위한 라이브러리
##########################

!wget https://data.deepai.org/timit.zip   %% Zip 파일 다운로드
zips = zipfile.ZipFile('./timit.zip')
zips.extractall('./Timit')   %% 압축파일 원하는 경로에 추출

방언과 화자 폴더에 접근하기 위한 리스트 생성
test_path = './Timit/data/TEST'
test_dr_list = os.listdir(test_path)
print(test_dr_list)
test_sp_list = []
for dr in test_dr_list:
  test_sp_list.append(os.listdir(test_path+'/{}'.format(dr)))

- train 또는 test 중에서 선택 가능합니다. test 폴더의 데이터를 추출하는 예제를 보겠습니다. TEST/DR1 ~ DR8/ 각 DR별 화자폴더 / 내부에 파일들. 이 형태로 파일에 접근할 수 있으므로, 폴더 이름을 리스트에 담습니다. os.listdir()을 이용하면 해당 폴더 내부 파일의 이름을 문자열로 리스트에 저장할 수 있습니다. test_sp_list는 test_dr_list에 저장된 DR의 순서별로 화자의 폴더 이름이 저장됩니다.
ex) test_dr_list[0] = 'DR3'이라면, test_sp_list[0] = [DR3 폴더 내의 화자 이름들]
##########################

방언과 화자 폴더에 접근하기 위한 리스트 생성
test_wav_list = []
test_txt_list = []
for dr_num in range(len(test_dr_list)):

데이터셋 코드

```
    dr = test_dr_list[dr_num]
    tmp_wav = []
    tmp_txt = []
    for sp_num in range(len(test_sp_list[dr_num])):
        sp = test_sp_list[dr_num][sp_num]
        file_list = os.listdir(test_path+'/{}'.format(dr)+'/{}'.format(sp))
        tmp_wav.append( [file for file in file_list if '.wav' in file ])
        tmp_txt.append( [file for file in file_list if '.TXT' in file ])
    test_wav_list.append(tmp_wav)
    test_txt_list.append(tmp_txt)
```

- TEST/DR/화자/ 폴더 내부에는 5종류 형태의 파일이 10개 문장에 대해 존재합니다. 그 중 저희가 사용하고픈 '이름.WAV.wav'파일과 '이름.TXT'파일의 이름을 각각 리스트에 담고, 그 리스트를 DR 과 speaker별로 구분된 이중 리스트의 원소로 넣어줍니다.
ex) test_dr_list[1] = 'DR5'이고, test_sp_list[1] = [DR5에 속하는 화자들 이름]입니다. test_sp_list[1][4] = 'FELC0'라면, 해당 화자가 말한 10가지 문장에 대한 파일 이름 중, '이름.WAV.wav'와 '이름.TXT'파일을 각각 리스트에 넣고 그를 원소로 파일이름을 가지는 리스트에 넣어줍니다. test_wav_list[1][4] = [DR5 방언을 사용하는 FELC0 화자가 말한 10가지 문장의 .WAV.wav 파일 이름 10가지] 로 구성됩니다. 이 때, test_txt_list[1][4]와 test_wav_list[1][4]의 파일 이름 순서는 다를 수 있습니다.

##########################

```
waveform = []
utt = []
os.makedirs('./spectrogram/', exist_ok = True)
os.makedirs('./waveform/', exist_ok=True)
file_num = 0
for dr_num in range(len(test_dr_list)):
    if file_num>100:                    %원하는 수 만큼 파일 추출 가능
        break
    dr = test_dr_list[dr_num]
    for sp_num in range(len(test_sp_list[dr_num])):
        sp = test_sp_list[dr_num][sp_num]
        for wav_num in range(len(test_wav_list[dr_num][sp_num])):
            wavfile = test_wav_list[dr_num][sp_num][wav_num]
            txtfile = [file for file in test_txt_list[dr_num][sp_num] if wavfile.split('.')[0] in file][0]
                                        %wav파일과 같은 이름의 txt파일 이름
```

```python
with open(test_path + '/{}/{}/{}'.format(dr, sp, txtfile),'r') as file_txt:
    txt = file_txt.readline()            % txt 파일 한 줄 읽어오기
wavlen = len(txt.split(' ')[1])
utterence = txt[wavlen+3:]               % 첫 두 숫자를 제거한 텍스트
utt.append(utterence)                    % 정답 문장 데이터 리스트에 모음

x = librosa.load( test_path + '/{}/{}/{}'.format(dr,sp, wavfile) , sr=16000 )[0]
waveform.append(x)                       %음성 신호 불러와서 리스트에 모음

y = librosa.feature.melspectrogram( x, 16000, n_fft = 800, hop_length = 160)
log_spectrogram = librosa.power_to_db(y)        %시각화 데이터 생성

fig = plt.figure( figsize=(10,4) )
plt.imshow(log_spectrogram, origin = 'lower', interpolation = None, cmap='viridis', aspect=1.1)
plt.xlabel("Time")
plt.ylabel("Frequency")
plt.title("Spectrogram (dB)")
fig.savefig('./spectrogram/{}_{}_{}_{}.png'.format(file_num, dr, sp, wavfile.split('.')[0]) )
                                         % spectrogram폴더에 원하는 이름으로 저장
plt.clf()
plt.close()

sf.write('./waveform/{}_{}_{}_.wav'.format(file_num, dr, sp, wavfile.split('.')[0]), x, 16000)
                                         % waveform 폴더에 원하는 이름으로 저장

file_num += 1                            % 파일순서 파악 및 데이터 양 조절용 변수
```

※ 음성신호를 wav 파일로 저장하기 – sf.write
첫 번째 입력은 원하는 파일 경로와 파일 이름을 설정할 수 있습니다. spectrogram 폴더와 구분되도록 waveform 폴더 안에, 라벨 폴더로 구분하여 저장합니다.
두 번째 입력은 waveform 데이터를, 세 번째 입력은 해당 음성 신호의 sample_rate를 입력하여 적절한 재생속도로 데이터가 저장되게 해줍니다.
##########################

"본 연구에서 제시된 의견 등은 한국교육학술정보원의 공식 의견이 아니라 집필자의 견해임을 밝힙니다."

기획 · 제작

정광훈, 이종현, 이지은 (이상 KERIS)

집필

최윤식 (연세대 교수)
홍은기 (연세대 박사)

검토

정성은 (구로고 교사)
안샛별 (독산고 교사)
임건웅 (보람고 교사)
이영미 (성동고 교사)

인공지능 데이터셋 활용집

초판 인쇄 2022년 09월 16일
초판 발행 2022년 09월 23일

저　자 한국교육학술정보원
발행인 김갑용

발행처 진한엠앤비
주소 서울시 서대문구 독립문로 14길 66 205호(냉천동 260)
전화 02) 364 - 8491(대) / 팩스 02) 319 - 3537
홈페이지주소 http://www.jinhanbook.co.kr
등록번호 제25100-2016-000019호 (등록일자 : 1993년 05월 25일)
ⓒ2022 jinhan M&B INC, Printed in Korea

ISBN 979-11-290-3256-0 (93370)　　　[정가 20,000원]

☞ 이 책에 담긴 내용의 무단 전재 및 복제 행위를 금합니다.
☞ 잘못 만들어진 책자는 구입처에서 교환해 드립니다.
☞ 본 도서는 [공공데이터 제공 및 이용 활성화에 관한 법률]을 근거로 출판되었습니다.